¡La sabiduría del Dr. Myles Munroe [...]
cabina de teléfono era para Superma[...]
y salga saturado!

¿Sabía que Dios le ha ordenado que usted sea un líder? ¡No importa cuál sea su ocupación, el Señor ha dado un don y ha hecho un llamado a cada hijo de Dios! ¡Y dentro de esos dones se encuentran las habilidades para liderar, las cuales están adormecidas en muchas personas!

En *Cómo influenciar las acciones humanas*, el Dr. Myles Munroe nos da la clave para encontrar al líder que está escondido en nosotros. Él define lo que es un verdadero líder, y mucho más.

A todos les recomiendo este inspirado libro, ya que todos tenemos el don de liderazgo. Así es que, ¡leamos y aprendamos cómo edificar el reino de Dios con ese don tan preciado que Él nos ha dado a cada uno para su gloria!

Myles Munroe se mantiene como pilar de fortaleza en medio de la ráfaga de confusión que está separando a los sectores de la Iglesia. Es un gozo observar su compromiso con la integridad y la pasión espiritual, a un estilo de vida bíblico sin confusión por la tradición de la muerte.

Este libro le provocará cumplir con su función de liderazgo eficaz y exitoso.

—*Dr. Kingsley Fletcher*
Rey para el Progreso y el Desarrollo del pueblo y el Estado de Shai
Ghana, África Occidental

El Dr. Myles Munroe pone su pluma en el pergamino para plasmar una precisa imagen del liderazgo verdadero y eficaz. En estas páginas usted descubrirá su propósito, pasión y potencial para llegar a ser el líder que le destinó a ser.

—*Dr. John C. Hagee*
Pastor Principal
Cornerstone Church, San Antonio, Texas

En *Cómo influenciar las acciones humanas*, el Dr. Myles Munroe incursiona en las verdades esenciales del liderazgo auténtico y exitoso. A lo largo de décadas de cuidadoso estudio y observación, el Dr. Munroe ha identificado la clave: el ingrediente ausente que activa el potencial para liderar, el cual se encuentra en todo ser humano. Esta enseñanza potente y práctica removerá las barreras internas y colocará al líder serio en la función de liderazgo que Dios ya había ordenado.

—*Marilyn Hickey*
Fundadora y Presidente
Ministerios Marilyn Hickey

Si usted desea ser un líder más eficaz, este libro es para usted.

—*Bob Harrison*
Presidente y Fundador
Líderes Internacionales de Negocios Cristianos

En el libro *Cómo influenciar las acciones humanas*, el Dr. Myles Munroe devela los elementos vitales innegables del enigma del liderazgo. ¡Este libro debe ser leído por todos los líderes ya maduros, como también por los que apenas emergen!

—*Darrell Wilson*
Pastor Principal
Acts Church Ministries International

Eliseo tomó el manto que cayó de Elías y golpeó las aguas del Jordán diciendo: "¿Dónde está Jehová, el Dios de Elías?". Creo que Dios en la actualidad observa el umbral del cielo color zafiro y se pregunta: "¿Dónde están mis Elías?".

El mundo gime fatigado, esperando por la manifestación de aquellos que se levantarán como seguidores de Dios y líderes de hombres. Todo aquel que haya sido nacido de nuevo tiene la naturaleza y el carácter de Dios plantados muy dentro de sí por medio del Espíritu Santo. En su libro, el Dr. Myles Munroe le dará una perspectiva incalculable en su búsqueda por descubrir y desarrollar el espíritu de un líder.

—*Pastor Rod Parsley*
Iglesia World Harvest/Breakthrough

En este libro el Dr. Myles Munroe ha identificado lo más delicado de las religiones, condición social y económica del mundo de hoy. Él ha perforado los mitos sobre el liderazgo y los líderes, y expuso la conexión alusiva para que todos miremos que: "El liderazgo genuino... es una actitud del corazón". Desearía que este manual invadiera cada biblioteca, cada sala de conferencias y centros de entrenamientos, y conquistara los corazones de los líderes designados y naturales de todo el mundo.

—*Su Excelencia Dame Ivy Dumont*
Gobernador General
Estado Libre de Las Bahamas

Cómo influenciar las acciones humanas habla directamente, y quizás a una de las más grandes necesidades de nuestro mundo de hoy... Este es un libro cargado de enseñanzas profundas y prácticas. Cuando es estudiado y aplicado, este tiene el potencial de equipar a millones con el espíritu de liderazgo.

—*Hon. James Oswald Ingraham, J. P., M. P.*
Portavoz de la Cámara
Estado Libre de Las Bahamas

SERIE: PRINCIPIOS DEL ÉXITO

CÓMO INFLUENCIAR LA ACCIÓN HUMANA

EL VERDADERO ESPÍRITU DEL LIDERAZGO

MYLES MUNROE

WHITAKER
HOUSE
Español

Traducción al español por: Sara Raquel Ramos

Editado por: Ofelia Pérez

Cómo influenciar la acción humana
El verdadero espíritu del liderazgo (Edición abreviada)
3ro. de la Colección Principios del Éxito

ISBN: 979-8-88769-110-7
eBook ISBN: 979-8-88769-111-4
Impreso en Colombia
© 2024 por Munroe Group of Companies Ltd.

Whitaker House
1030 Hunt Valley Circle
New Kensington, PA 15068
www.espanolwh.com

1 2 3 4 5 6 7 8 9 10 11 ⊔⊔ 31 30 29 28 27 26 25 24

CONTENIDO

APÉNDICES:

PREFACIO

Dentro de cada seguidor hay un líder escondido. La calidad más importante de un verdadero líder es el **espíritu de liderazgo**. Todo humano posee el liderazgo del espíritu, pero solo aquellos quienes capturan el espíritu de liderazgo llegan a ser los verdaderos líderes efectivos.

Durante los últimos treinta años, he tenido el privilegio de hablarles a millones de personas a través de varios de mis programas y a miles por medio de mis seminarios, conferencias e institutos de entrenamiento en más de setenta países. Mi enfoque ha sido el asistir a otros a descubrir sus sentidos de propósitos, maximizar sus potenciales inexplorados y descubrir sus habilidades de liderazgo.

He recibido miles de testimonios de cómo los materiales, talleres y seminarios de liderazgo, han ayudado a muchos para encontrar sus visiones, renovar sus enfoques y producir una mejor vida. Me complace y honra tener el privilegio de ayudar a otros a alcanzar sus metas personales y colectivas.

EL INGREDIENTE AUSENTE

Sin embargo, hay un reto que he tenido por muchos de esos años: traté de entender por qué, no importa cuántos principios, preceptos y programas les enseñara a las personas acerca del tema del liderazgo, siempre parecía hacer falta un ingrediente, que era la barrera que les impedía a muchos de ellos abrirse hacia la capacidad del liderazgo que yo sabía que existía en ellos.

He leído miles de libros, artículos, revistas y documentos de investigación sobre el tema del liderazgo; he asistido a un sinnúmero de seminarios, conferencias y simposios tratando con el desarrollo del liderazgo, y todavía no puedo identificar, definir o entender completamente la misteriosa clave que ha separado y distinguido al líder del discípulo. No fue, sino hasta hace unos años, durante una de mis sesiones de liderazgo con un grupo de profesionales, dueños de negocios, religiosos y personal gubernamental en Inglaterra, que empecé a obtener visión de este misterio del liderazgo. Me llevé esta visión de regreso a casa en Nassau, Bahamas, donde podía estudiar a mi personal y miembros de nuestra organización, para tratar de clarificar principios específicos que diferencian a un líder de los seguidores. Este libro es el resultado de este estudio y la aplicación subsiguiente de estos principios en las vidas de muchos de mis estudiantes y clientes.

UN DESCUBRIMIENTO INTERNO DE LA PERSONALIDAD

Poniéndolo de manera simple, descubrí que el **pensamiento** de un líder es lo que lo separa de los discípulos. Descubrí que los verdaderos líderes se distinguen por una **actitud mental única** que emana de un descubrimiento interno del yo, el cual crea un concepto propio de fuerza, positivismo, confianza y de valor. A esto le llamo actitud mental única, **el espíritu de liderazgo.** Esta es una actitud que afecta a toda la vida del líder y controla la reacción de él o ella ante la vida, el peligro, las crisis, los inconvenientes, las fallas, los desafíos y el estrés. Esta actitud le da al líder un sentido de confianza, fe y seguridad en las posibilidades. Esto inspira a otros para que tengan esperanza al enfrentar las grandes ventajas, y motivan al líder a cultivar un espíritu de propósito, valentía, pasión y convicción.

Mejor sería "los grandes desafíos" o "las grandes dificultades".

Este espíritu del liderazgo es concebido en el vientre de una revelación personal dentro del líder, y se manifiesta en cualidades específicas y características. En este libro vamos a explorar cómo una persona puede experimentar la revelación personal de su liderazgo e identificaremos las cualidades especiales de este espíritu.

Juntos descubriremos que el liderazgo no es el resultado del estudio u ordenación, posición o poder. El hombre (la humanidad) es esencialmente un ser espiritual, y la naturaleza del espíritu de una persona dicta la naturaleza que él o ella manifiesta. Hasta que el espíritu de una persona sea cambiado, la persona se mantiene sin cambiar. Por lo tanto, el liderazgo empieza en el espíritu de una persona. Cuando el espíritu de liderazgo se manifiesta, produce una actitud que separa el líder del discípulo.

Es importante entender que el liderazgo no es un club exclusivo para unos pocos de la élite que fueron "nacidos con él". **Todo humano tiene el instinto y la capacidad del liderazgo, pero la mayoría no tiene la valentía o la voluntad de cultivarlo.** El espíritu llamado "hombre" fue creado para dirigir, pero el hombre perdió el espíritu de liderazgo. Todos los humanos poseemos el potencial de dirigir, pero la mayoría ha perdido la pasión del liderazgo. La meta de este libro es ayudarle a redescubrir y recobrar ese liderazgo del espíritu.

Hay muchos que confunden la posición del liderazgo con la disposición del verdadero liderazgo. Sin importar cuál posición nos haya sido dada, el nivel en una organización no crea automáticamente al líder. **El liderazgo genuino es una disposición interna, la cual se relaciona a un sentido del propósito, autovaloración y autoconcepto.**

Algunos han confundido el liderazgo con la habilidad de controlar a otros por medio de la manipulación de sus emociones y jugando con sus temores y necesidades. **Pero el verdadero liderazgo es un producto de la inspiración, no de la manipulación.**

Luego tenemos aquellos que creen que el título hace al líder. Sin embargo, todos hemos visto a muchas personas que han sido puestos en posiciones importantes, con títulos impresionantes, y han fracasado miserablemente porque no han entendido que el liderazgo real es manifestado en la ejecución y los resultados, y no solo en las clasificaciones.

El verdadero liderazgo va más allá de lo mecánico de la mayoría de los acercamientos que hoy difunden nuestros programas de liderazgo. Tiene que ver más con descubrir un sentido del significado e importancia en la vida. Esta distinción separa al liderazgo de las ansias o el deseo del poder. **Los verdaderos líderes no buscan poder, sino que son impulsados por una pasión para lograr una noble causa.**

Estoy convencido de que usted fue creado para ser un exitoso líder. Cada ser humano fue creado para liderar en un área específica de talentos. Usted nunca fue creado para ser oprimido, subyugado, subordinado o reprimido. El Creador diseñó a cada ser humano para realizar un propósito y una tarea específicos en la vida. Su tarea determina su área de liderazgo. Muy dentro de cada uno de nosotros hay un espíritu con un gran sueño, luchando por liberarse de las limitaciones de nuestras experiencias pasadas, circunstancias presentes y dudas autoimpuestas.

Todos somos víctimas de pasiones frustradas. Creo que la ignorancia más grande del hombre es la de no conocerse a sí mismo. Lo que usted opine de usted mismo, crea su mundo. Ningún humano puede vivir más allá de los límites de sus creencias. En síntesis, usted es lo que usted cree: **sus creencias son un producto de sus pensamientos, sus pensamientos hacen sus creencias, sus creencias hacen sus convicciones, sus convicciones crean sus actitudes, sus actitudes controlan su percepción y su percepción dicta su conducta.** El resultado es que su vida es lo que usted *piensa* que debería ser. Cuando usted piensa de acuerdo al espíritu de liderazgo, usted empieza el proceso de llegar a ser un líder. Esto es el centro del verdadero liderazgo: su actitud, su mentalidad, su "espíritu de la mente".

Algunas de las actitudes o cualidades únicas de los líderes incluyen pasión, iniciativa, trabajo en equipo, innovación, persistencia, disciplina, enfoque, manejo del tiempo, confianza, disposición positiva, paciencia, paz y compasión. Exploraremos muchas de estas actitudes del liderazgo para que usted pueda descubrir cómo cultivarlos en su vida.

Este libro está dedicado a ayudarle a recobrar la esencia de su verdadero potencial de liderazgo y la actitud mental que le acompaña, los cuales manifestarán el **verdadero espíritu de liderazgo.**

PARTE I

EL DESCUBRIMIENTO DEL LIDERAZGO

EL LÍDER ESCONDIDO EN USTED

Atrapado dentro de cada seguidor, hay un líder escondido.

Un ejército de ovejas lideradas por un león siempre va a vencer a un ejército de leones liderados por una oveja. Esta declaración captura el espíritu de este libro. Este concepto llegó a ser real en mí durante uno de mis viajes al continente de la cuna de la humanidad, África. Fue ahí, en las profundidades de las tierras de los arbustos de África, que escuché una historia que encapsuló lo que he venido a entender como la conexión [ingrediente] ausente en el proceso del desarrollo del liderazgo.

Era un día soleado, pero frío, en la ruidosa y moderna ciudad de Harare, en Zimbabue, la capital del país de África del Sur. Concluía mi charla en el Centro de Conferencias del Hilton Harare para más de 5000 líderes. Como invitado de una de las organizaciones comunitarias más grandes del país, había sido llamado para dar entrenamiento de liderazgo y sesiones motivacionales para los líderes aspirantes y experimentados. Esta fue nuestra última sesión después de siete días de presentaciones. Al finalizar la sesión, mi anfitrión me preguntó si podría considerar ir a otra ciudad a hablarle a otro grupo de líderes que habían preguntado si yo podría ir donde ellos. Gustosamente acepté, y se hicieron los arreglos para ir con mi conductor —quien también servía como intérprete— y salir a primera hora de la mañana siguiente.

Iniciamos a las seis en punto, y después de conducir por casi dos horas, finalmente dejamos las luces de la ciudad moderna y nos encontramos con carreteras sin pavimentos, villas polvorientas y densos bosques verdes. Justo cuando pensé que estábamos por llegar, mi conductor me indicó que todavía faltaban otras dos horas antes de llegar a nuestro destino. De pronto, comprendí que nos dirigíamos hacia una experiencia de safari. Luego de otras dos ajetreadas horas por donde parecía ser jungla, finalmente entramos a un claro. Había un grupo de niños que de pronto salieron hacia el despoblado, cantando alegres, como si ellos estuvieran experimentando el final de una larga anticipación.

Mientras llegamos a una parada ruidosa, un grupo de hombres contentos salieron de una gran choza de paja. Eran dirigidos por un hombre gentil dando una sonrisa de bienvenida y vestido en ropas regulares. Nos abrazamos y me invitó al local con techo de paja en donde había más de trescientos hombres y mujeres sentados ansiosamente esperando por nosotros para iniciar la sesión de enseñanza. Estaba totalmente complacido por el anhelo y la paciencia de esas lindas personas, y les di lo mejor de mí. Fue un gozo ser bien recibido.

Después de la sesión, el jefe de la villa me invitó a una cena especial en mi honor donde me dieron platillos tradicionales de la vida y cultura de la villa —algunos platillos eran familiares, otros no—. Fue durante esta comida que el jefe me contó la historia que me enseñó una lección de liderazgo que nunca olvidaré.

UN LEÓN ENTRE OVEJAS

Había una vez un campesino que vivía en esta villa y también era un pastor de oveja. Un día, llevó a pastar a su oveja, y mientras estaba pastando de pronto escuchó un ruido extraño que provenía de un lugar de la grama; primeramente, sonó como un gatito. Llevado por su curiosidad, el viejo pastor fue a ver qué era lo que producía ese ruido insistente y, para su sorpresa, encontró a un solitario león cachorro temblando, obviamente separado de su familia. Su primer pensamiento fue el peligro que sería si se acercaba demasiado al cachorro y regresaban sus padres. Entonces, el hombre rápidamente dejó el área y observó a la distancia para ver si la mamá león o la manada volverían. Sin embargo, después que atardeció y todavía no había actividad para asegurar al cachorro, el pastor decidió que, a su mejor juicio y por la seguridad y supervivencia del cachorro, se lo llevaría a su cabaña y cuidaría de él.

Por los siguientes ocho meses, el pastor le dio de comer a este cachorro con leche fresca y lo mantuvo caliente, a salvo y seguro en los límites protectores de la casa. Después que el cachorro creció en una juguetona y enérgica bola de músculos brillantes, lo llevaría a diario con las ovejas para pastar. El cachorro creció con las ovejas y vino a ser parte de la manada. Ellas lo aceptaron como uno más, y él actuaba como una más de ellas. Después que habían pasado quince meses, el pequeño cachorro llegó a ser un león adolescente, pero actuaba, sonaba, respondía y se comportaba tal como una de las ovejas. En síntesis, el león se convirtió en una oveja por asociación. Se había despersonalizado y vino a ser una de ellas.

En un día caluroso, después de cuatro años, el pastor se sentó en una piedra, tomando refugio en la poca sombra de un árbol sin hojas. Él estaba cuidando de su rebaño mientras calmaban su sed en las quietas y fluyentes aguas de un río. El león que pensó que era una oveja les siguió para beber agua. De pronto, justo al otro lado del río, apareció de las ramas de la espesa jungla una gran bestia que el cachorro jamás había visto antes. Las ovejas llenas de pánico bajo el ataque de un instinto de supervivencia, salieron del agua y se dirigieron hacia donde estaba el campesino. No pararon hasta que todas estaban seguras y amontonadas detrás de la cerca del corral. Extrañamente, el cachorro, quien ahora era un león crecido, también estaba amontonado con ellas, temblando de miedo.

Mientras la manada luchaba por llegar a la seguridad de la finca, la bestia hizo un sonido que parecía hacer temblar el bosque. Cuando levantó su cabeza sobre las hierbas altas, el pastor pudo ver que sostenía en su hocico empapado de sangre el cuerpo sin vida de una oveja del rebaño. El hombre supo que el peligro había regresado a este parte del bosque.

Siete días pasaron sin más incidentes, y luego, mientras la manada pastaba, el joven león fue río abajo para beber. Mientas se inclinaba hacia el agua, de pronto entró en pánico y corrió rápidamente hacia la seguridad de la casa. Las ovejas no corrieron y se preguntaban por qué él había hecho eso, mientras el león se preguntaba por qué las ovejas no habían corrido al ver otra vez a la bestia. Después de un rato, el joven león regresó muy lentamente al rebaño y luego al agua para volver a beber. Una vez más, él vio a la bestia y se congeló del pánico. Era su propio reflejo en el agua.

Mientras él trataba de entender lo que estaba viendo, de pronto la bestia salió otra vez de la jungla. La manada salió desenfrenada hacia la casa, pero antes de que el joven león pudiera moverse, la bestia se paró en el agua hacia él emitiendo el sonido desafiante que cubría todo el bosque. Por un momento, el joven león sintió que su vida estaba a punto de terminar. Se dio cuenta que vio no solo una bestia, sino a dos: una en el agua y otra delante de esta.

Su cabeza le daba vueltas por la confusión, mientras la bestia se acercaba como a diez pies de él y le gruñía cara a cara con atemorizante poder que parecía decirle: "Prueba, ven y sígueme".

Mientras el temor controlaba al joven león, este decidió intentar calmar a la bestia e hizo el mismo sonido. Sin embargo, el único sonido que salía de su mandíbula abierta, era el de una oveja. La bestia respondió con uno mucho más audible que parecía decir: "Prueba otra vez". Después de siete u ocho intentos, el joven león de pronto se escuchó haciendo el mismo sonido de la bestia. También sintió emociones en su cuerpo que nunca antes había conocido. Era como si estuviera experimentando una transformación total en la mente, el cuerpo y el espíritu.

De pronto, había en el río de la vida dos bestias gruñéndose la una a la otra. Entonces el pastor vio algo que jamás olvidaría. Mientras los sonidos bestiales llenaban el bosque por millas, la bestia grande paró, le dio la espalda al joven león y se fue hacia el bosque. Luego se detuvo, miró al joven león una vez más y gruñó, como diciendo: "¿Me sigues?". El joven león sabía lo que el gesto significaba, y de pronto se dio cuenta de que su día de decisión había llegado, el día en que escogería si continuaría viviendo como una oveja o siendo el mismo que acababa de descubrir. Él sabía que, al transformarse en él mismo, tendría que dejar la seguridad, la predecible y simple vida de la finca y entrar a una temeraria, silvestre, indomada, impredecible y peligrosa vida de la jungla. Era el día de llegar a ser su verdadero yo y dejar atrás la imagen falsa de otra vida. Era una invitación para que una "oveja" se hiciera el rey de la jungla. Lo más importante es que esta era una invitación para que el cuerpo de un león tomara posesión del espíritu de un león.

Después de mirar un par de veces a todos lados de la finca y de la jungla, el joven león le dio la espalda a la finca y a las ovejas con quienes él había vivido por mucho tiempo, y siguió a la bestia hacia el bosque para convertirse en lo que siempre había sido: un rey león.

Mientras estaba sentado escuchando esta fantástica historia, me sentía sumergido en la revelación de los principios profundos que esto comunicaba con relación a los líderes, al liderazgo y al proceso crítico que conlleva el descubrirse y convertirse en el verdadero yo. Me fui de esa villa con un entendimiento profundo del por qué es tan difícil para muchos individuos hacer esa transición a través del río de los verdaderos yo. De pronto entendí que el cambio podría ocurrir solo cuando toma lugar en el espíritu de la mente. Sin esta metamorfosis, ninguna cantidad de entrenamiento, estudio o educación podría transformar a un seguidor en líder. En síntesis, una actitud convertida es la clave para una vida transformada. Hasta que este cambio de actitud suceda, el león seguirá actuando, respondiendo y viviendo como una oveja, en vez de hacerlo como el rey de la jungla.

UNA DECISIÓN QUE AFECTA EL FUTURO

Así como el genuino gruñido del joven león le reveló su fuerza inherente, usted puede liberar la fuerza inherente del liderazgo dentro de usted, una vez que empiece a entender su verdadera personalidad. Así como el joven león miró a la bestia alejarse, y supo que debía tomar una decisión sobre su futuro, usted tiene una elección que hacer sobre su propio futuro.

Igual que el joven león miró hacia la finca en donde estaban las ovejas y luego miró hacia el bosque hacia donde se dirigía el león, usted tiene que evaluar su pasado y su potencial, y caminar hacia uno o hacia el otro lado. Así como el joven león supo que, al convertirse en él mismo, tendría que dejar su vida cómoda, segura, predecible y simple de la finca, y entrar a la vida atemorizante, salvaje, indomable, impredecible y peligrosa de la jungla, usted tendrá que dejar los límites seguros de un seguidor, si va a convertirse en un líder.

Así como el joven león volvió su espalda a la finca, cruzó el río y caminó hacia el bosque —dejando atrás su vieja vida de oveja y embarcándose en la vida a la cual estaba predestinado—, así mismo, este libro está diseñado para desafiarlo a usted a que cruce su propio río de intimidación, a que enfrente y entre al bosque del espíritu de liderazgo, el cual usted fue creado para manifestar.

Mi deseo personal, como alguien que ha cruzado ese río, es ser catalizador, como la bestia, gruñendo una invitación en su vida y su propósito, y con esperanza, ayudarle a entrar en la aventura del descubrimiento y liberación del liderazgo del espíritu en usted.

EL PODER DE LA ACTITUD

No hay nada tan poderoso como la actitud. La actitud dicta su responsabilidad en el presente y determina la calidad de su futuro. Usted es su actitud y su actitud es usted. Si usted no controla su actitud, esta lo controlará a usted.

La actitud le crea su mundo y designa su destino. Determina su éxito o su fracaso en cualquier aventura en su vida. Muchas oportunidades se han perdido o detenido debido a la actitud hacia cualquier causa. La actitud es la más poderosa distinción en la vida, más que la belleza, el poder, el título o la clase social. Es más importante que la riqueza, y puede mantenerlo pobre. Es el siervo que puede abrir las puertas de la vida o cerrar los portones de la posibilidad. Puede cambiar lo feo en bonito y la sencillez en atractivo. El factor distinguible entre un ganador y un perdedor es la actitud. La diferencia entre un líder y un seguidor es la actitud.

¿Qué es la actitud? Por ahora, permítame simplemente definir la actitud como "determinación o acondicionamiento mental que decide nuestra interpretación como una respuesta a nuestros entornos". Es nuestra manera de pensar. También es importante entender que la actitud es un producto natural de la integración de nuestros propios valores, conceptos, juicios y sentido del valor o importancia. En síntesis, su actitud es la manifestación de quién usted cree que es. **Los líderes piensan diferente de sí mismos y esto los distingue de los seguidores.**

La historia del león y las ovejas demuestran el poder de la actitud. Vivimos nuestras actitudes, y nuestras actitudes crean nuestras vidas. La diferencia entre las actitudes de un león y de una oveja determina su lugar en el esquema del reino animal. Posiblemente es por eso que el Creador, como se registra en los libros de los hebreos escritos por Moisés y otros escritores bíblicos, la identifica con los temperamentos únicos o naturales de ciertos animales.

Vivimos nuestras vidas basados en quién creemos que somos. De acuerdo con la ilustración, si usted cree que su propósito es ser una oveja, se quedará en el encierro en donde otros lo han puesto, o que usted mismo haya hecho. Si usted cree que es un líder, se aventurará más allá de las limitaciones artificiales y se embarcará en la vida de liderazgo para la cual fue creado. Usted se desarrollará en alguien que inspira e influencia a otros con su dominio inherente.

Ninguna cantidad de entrenamiento en destrezas de liderazgo, cursos en métodos administrativos, títulos de poder, promociones o asociaciones pueden sustituir las actitudes correctas. Estoy convencido de que todo el dinero del mundo pueden volverlo adinerado, pero nunca lo convertirá en un líder. Su desarrollo del liderazgo está determinado por sus percepciones de quién usted es y por qué existe, es decir, su sentido de importancia para vivir.

DESIGNADOS PARA DIRIGIR NUESTROS ENTORNOS

Este punto es fundamental para entender nuestro potencial y capacidad de liderazgo como humanos. Por lo tanto, permítame ofrecerle un poco de definición técnica de nuestra razón para vivir. Creo firmemente que la naturaleza de cada ser humano es estar en control con su entorno y circunstancia. **Cada uno de nosotros ha sido creado para mandar, gobernar, controlar, dominar, manejar y dirigir nuestros entornos. Usted es en esencia un líder, no importa quien sea,** sin importar si lo manifiesta o no. Ya sea adinerado, pobre, joven, viejo, hombre, mujer, negro, blanco, ciudadano de un país industrializado, ciudadano de un país tercermundista, educado o maleducado, usted tiene la naturaleza y la capacidad para el liderazgo. Pero, usted puede cumplir su inherente potencial de liderazgo solo cuando descubra, comprenda, desarrolle y empiece a ejercer lo que usted fue designado a ser y la naturaleza de su verdadero potencial de liderazgo.

No importa si usted es un jefe ejecutivo de una gran corporación, maestro, constructor de casa, dueño de un negocio pequeño, trabajador de la construcción, artista, secretario, trabajador del gobierno, campesino, estudiante, doctor o cualquier otra vocación o posición en la vida: **El propio descubrimiento de su potencial inherente de liderazgo y el conocimiento de quién es usted y para lo cual usted fue creado, son las claves para el cumplimiento de su propósito de existir como un líder.**

El título, la posición, el poder, la notoriedad, la fama o los nombres de familia no pueden convertirlo en un verdadero líder. Por ejemplo, usted puede emplear a alguien como gerente de una compañía. Le puede dar título, presupuesto, escritorio, personal y cualquier otra cosa, suponiendo que esa persona no toma iniciativas. Él no trata de resolver los problemas por sí mismo, no busca mejores maneras de ejecutar las tareas o improvisar sistemas, no entiende qué parte de su administración puede alcanzar los límites y explorar nuevos conceptos e ideas. Él hace solo lo que se le pide hacer sin perturbar la política o desafiar métodos antiguos y obsoletos. Eso no es liderazgo.

En síntesis, hay algunas actitudes únicas de los líderes que les distinguen de los seguidores, y estas actitudes producen ciertas conductas que estiran al líder más allá de las limitaciones de la norma. En otras palabras, esas actitudes son las que exploraremos y llamaremos el "propósito de liderazgo". Por lo tanto, estar en la posición de un seguidor no niega su potencial inherente de liderazgo. Conocer y cultivar ciertas actitudes sobre usted mismo, le dará la determinación mental que necesita para desarrollar su potencial de liderazgo al máximo y cumplir con el propósito para el cual nació.

UN INSTINTO NATURAL PARA EL LIDERAZGO

Aunque con frecuencia no lo reconocemos por lo que es, cada humano en este planeta tiene una inclinación natural hacia el liderazgo, de una forma o de otra. Así como los pájaros tienen un instinto para volar y los peces tienen un instinto para nadar, los humanos tienen un instinto para tomar control de sus vidas, circunstancias, decisiones o entornos. Cuando no estamos en control, queremos tenerlo.

Tal vez es por eso que cuando estamos siendo controlados por los acreedores, instituciones bancarias o amigos con quienes tenemos obligaciones, el instinto natural o la respuesta humana son la frustración, depresión, inconformidad o incluso una enfermedad psicológica y física. Esto es debido a que nuestras circunstancias nos están dominando y nuestras naturalezas espirituales, psicológicas y físicas no fueron diseñadas para vivir bajo estas condiciones.

No estamos diseñados para ser dominados. Cuando no tenemos control de nuestras vidas, nos sentimos atados y restringidos. Por ejemplo, si usted tiene una hipoteca en su casa por treinta años, no se siente libre hasta que la paga. Aunque esté disfrutando de su casa, hay una voz interna diciendo: "Pero todavía es de ellos. Les pertenece mientras tengan los documentos".

Por otro lado, ¿por qué se siente aliviado y contento cuando paga todas sus cuentas? Cuando usted obtiene un bono y cubre todas sus deudas y no le debe nada a nadie, de pronto, tiene una sonrisa en su rostro. Usted quiere decirle hola a todo el que encuentre. ¿Estoy en lo correcto? Cuando todas sus necesidades son suplidas, usted se siente como si estuviera caminando en el aire. Eso es porque está experimentando el propósito para el cual nació. Usted fue diseñado para poder manejar su entorno.

Mucha gente quiere hacer mucho dinero, pero, usualmente, no porque quieren solo el dinero. El deseo fundamental de la riqueza está motivado por el deseo de poder, poder para dominar y controlar el estilo de vida, las circunstancias y el entorno. Es el poder que el dinero nos da el que nos hace buscarlo. Cada humano naturalmente quiere controlar su vida, y el dinero o la riqueza parecen prometer ese poder del control. Seguimos el sentimiento o sentido de dominio que obtenemos de la habilidad de comprar lo que nos gusta, vivir donde queremos, comer lo que nos gusta, vestir como deseamos e ir donde decidamos ir. Lo que buscamos es el poder sobre las circunstancias, y, en algunos casos, sobre las personas.

Este deseo de tener el control sobre nuestras vidas explica muchos de los problemas en nuestro mundo. Por ejemplo, ¿por qué un adolescente toma un arma, entra en una tienda y dice: "Todo el mundo al suelo?". Imagínese que usted está en medio de esa situación. Suponiendo que ese muchacho tiene trece años y usted tiene treinta y cuatro; él es de 5 pies de alto, y usted de

6 pies. Usted sabe que es físicamente más fuerte que él. Pero como él tiene la ventaja de poseer un arma peligrosa que amenaza su vida, usted tiene que cumplir con la orden. Por un breve momento, ese joven siente que nació para sentir lo que se llama una "sensación eufórica". Es una sensación extraña de poder, control e insensibilidad.

Nuestra sociedad coloca a un joven como este en un centro de detención juvenil, cumple su sentencia y sale. Pero él *recuerda esa sensación* y está obsesionado por la tentación de repetir el hecho. Creo que esto es más que un tema psicológico. Esto involucra ese deseo espiritual profundo en la naturaleza del hombre para dominar su entorno. Está atado a cómo se siente acerca de él mismo. Estoy convencido de que el deseo por el poder sobre otros es una distorsión de algo bueno; es una distorsión de nuestro inherente deseo humano para ejercer el liderazgo del dominio.

EL LIDERAZGO Y NUESTRAS CREENCIAS SOBRE EL ORIGEN

¿De dónde vienen nuestras actitudes sobre el liderazgo? Ya sea que usted piense que es un líder o no, sus ideas sobre el liderazgo son probablemente una respuesta condicionada. Generalmente, hemos sido enseñados que el liderazgo está reservado para un grupo exclusivo de personas que son seleccionadas por el destino para controlar, regir y subordinar a las masas. Quiero demostrarle que, contrario a la opinión popular, **el liderazgo no es un club de élite para unos cuantos. Es la verdadera esencia de todos los seres humanos.**

He encontrado que los conceptos de las personas acerca de sus orígenes siempre influencian la manera que piensan sobre sí mismas, incluyendo sus ideas sobre su potencial de liderazgo. Es decir, hay dos teorías principales sobre el origen: la evolución y la creación. Hay variantes para la teoría evolucionista, pero muchos evolucionistas creen que el universo fue formado como el resultado de una explosión de energía. Esto es conocido como la teoría de "la gran explosión" ("big bang"). Por millones de años, la vida microscópica se desarrolló sobre la tierra, de donde salieron las especies de animales que se mutaron, con las especies más fuertes ganándoles a las más débiles por una supervivencia de la adaptación. En este punto de nuestra historia, los seres humanos son los más avanzados de las especies.

De acuerdo con esta teoría los humanos son, en su esencia, amebas sofisticadas. No hay propósito específico para vivir, existen meramente como el resultado de las fuerzas de la naturaleza. Esta teoría también apoya la idea de que aquellos que son más fuertes —física, intelectual o creativamente— están destinados a dirigir y controlar a otros, mientras que el resto está destinado a ser seguidores.

La otra teoría principal del origen de la humanidad es la creación. Esta es la idea de que un Ser inteligente formó el universo y creó la tierra, la vegetación, los animales y los seres humanos. Algunos creacionistas creen que el Creador hizo el mundo y luego lo dejó a sus propios deseos, mientras que otros creen que el Arquitecto de la tierra todavía está activamente involucrado e hizo a la humanidad con una naturaleza y un propósito específico. Este concepto apoya la idea de que cada persona tiene una función y una contribución que hacer, sin importar su estado en la vida y el nivel actual de habilidad.

La evolución sigue siendo una teoría. No ha sido probada. No existe evidencia fuerte para verificar su principio. Es una premisa muy interesante, pero creo que la experiencia y la hechura de la criatura humana desafían el concepto evolucionista. El diseño complejo de los seres humanos y de la naturaleza metódica del universo no secunda dicha teoría.

La alternativa es que debe haber sido un proceso creativo mayor y más sofisticado que el proceso arbitrario de la evolución. Los antiguos escritos, registrados en el primer libro escrito por Moisés, presentan una explicación más aceptable y razonable de nuestros orígenes: somos los productos de un Ser Supremo altamente inteligente y creativo. La estipulación en los primeros dos capítulos de Génesis, es que Dios personal e intencionalmente creó a los seres humanos a su propia imagen y semejanza y luego les dijo que se multiplicaran, llenaran la tierra y gobernaran sobre ella. Debían ser los mayordomos de la tierra, responsables por su cuidado y bienestar. Deberíamos notar que el Creador diseñó a los seres humanos a su imagen y semejanza *después* que hizo la vegetación y los animales, específicamente separándolos del resto de la creación en algunas maneras importantes.

El antiguo relato dice que hizo el resto de la creación con afirmación al decir: "Sea la luz"[1] o "Produzca la tierra criaturas vivientes".[2] Pero cuando llegó el momento de formar a una criatura en particular, dijo: *"Hagamos al hombre a nuestra imagen y semejanza".*[3] Los seres humanos fueron las únicas criaturas que fueron indicados como seres hechos a la imagen y semejanza de

1. Génesis 1:3.
2. Génesis 1:24.
3. Génesis 1:26.

su Creador. Esto significa que ellos tienen su naturaleza. Este es un aspecto importante de que la naturaleza es la habilidad de planear con anticipación, imaginar, crear y administrar efectivamente la manifestación de los planes. Es decir, ser hecho a su imagen significa tener la naturaleza o el espíritu de liderazgo.

EL ORIGEN DE NUESTRO LIDERAZGO DEL ESPÍRITU

El Creador vertió su propia naturaleza en los seres humanos cuando estableció su naturaleza, y este es el origen de nuestro liderazgo del espíritu. En este sentido, somos una porción del Dios vertido. Así como el Creador es determinado, organizacional y creativo, nosotros estamos diseñados a ser lo mismo.

Usted debe decidir cuál concepto de origen aceptará como fundamento de su vida. Solo usted puede escoger lo que cree de usted mismo y la naturaleza del humano, como también de la naturaleza del liderazgo. ¿Es el liderazgo solo para el fuerte que es capaz de ganarle al débil, o tal vez solo para aquellos que lo reciben por suerte? ¿O es el liderazgo una parte inherente de nuestro diseño como seres humanos? Mi experiencia y observaciones de la humanidad apoyan la última creencia y son las bases de lo que yo describo en lo que sigue de este libro como nuestra vocación humana.

Creo que usted y yo fuimos creados para liderar. **El liderazgo es inherente en nuestra naturaleza y es fundamental para nuestros orígenes, carácter humano y destino.**

2

MITOS SOBRE EL LIDERAZGO

Debido a que nuestra sociedad contemporánea parcialmente ha aceptado una determinación mental como "supervivencia de adaptación", muchos de nosotros hemos llegado a creer ciertos mitos sobre el liderazgo. Estas ideas han sido adoptadas por nuestras familias, culturas y países. Además, muchos de nuestros fundamentos teóricos acerca de nuestras creencias sobre el liderazgo son derivados de los pensamientos de los grandes filósofos griegos como Platón, Aristóteles y Sócrates.

Durante la cúspide de la edad de oro del período helenístico, el arte de la naturaleza humana, el desarrollo social, el control y manejo de las masas y el estudio de las estructuras gubernamentales para el desarrollo nacional, fueron el tema de gran debate e investigación. El arte del liderazgo estaba dentro de los temas principales estudiados y discutidos, y las conclusiones fueron tan potentes que la mayoría de nuestras creencias actuales, filosóficas, y conceptos de liderazgo y gobierno pueden remontarse hasta las ideas de estos filósofos.

Este tema es vitalmente importante porque nuestras creencias, convicciones e ideas forman nuestras filosofías personales y sirven como origen de nuestras propias percepciones y las percepciones de otros, como también de la vida misma. En síntesis, nuestras filosofías determinan la manera en que pensamos. De hecho, **vivimos nuestros pensamientos y los manifestamos en nuestras actitudes para con nosotros mismos y para con los demás. No podemos vivir detrás de nuestros pensamientos y convicciones.**

Creo que muchas de nuestras actuales teorías de liderazgo han producido una cantidad de mitos que deben ser entendidos, estudiados y retados. Muchos "gurús" de liderazgo han identificado y articulado estos mitos. Estos pueden ser resumidos en los siguientes:

MITO #1: TEORÍA DE LA CARACTERÍSTICA INNATA: "LOS LÍDERES NACEN, NO SE HACEN"

Esta teoría es la creencia de que el liderazgo es el resultado de las cualidades inherentes especiales del nacimiento, en la personalidad y naturaleza del individuo. Esto implica que algunos humanos nacen con cualidades únicas que los identifican para el liderazgo, mientras que otros —la mayoría, quienes no poseen estas cualidades— están destinados para ser dirigidos.

Este concepto nos lleva a endiosar a nuestros líderes, hombres y mujeres, quienes esencialmente son diferentes y, por lo tanto, superiores a nosotros. Esta filosofía resulta en el bloqueo de nuestro propio potencial y desarrollo de liderazgo, y termina sometiendo nuestra capacidad de liderazgo no descubierto al control y limitaciones de otros. Cuando esto sucede en un nivel cultural, podríamos detener el crecimiento de nuestra próxima generación de líderes en nuestros países.

MITO #2: LIDERAZGO POR PROVIDENCIA

Existe una creencia que señala que ciertas personas son escogidas por "los dioses" y colocadas en la élite del liderazgo sobre las desafortunadas masas. En síntesis, el liderazgo está reservado para unos pocos escogidos por medio de un poder divino para controlar, manejar y dirigir la vida, el futuro, las riquezas y aspiraciones de los que no fueron escogidos.

MITO #3: EL LIDERAZGO ES EL RESULTADO DE UNA PERSONALIDAD CARISMÁTICA

Esta es la teoría que dice que los líderes son solamente ciertos individuos que poseen un nivel de carisma único; que exhiben cualidades especiales como fuerza de voluntad; quienes son extrovertidos y expositores dominantes. La dificultad con esta teoría, en cada generación, es al momento de levantar líderes importantes que no muestran las cualidades carismáticas celebradas por esta filosofía.

En muchos casos, los líderes emergen de circunstancias únicas en los momentos que ellos viven sin manifestar ningún carisma especial. Algunas veces se sufre una crisis para que alguien se levante y revele su habilidad de liderazgo. Ciertos niveles pasados o presentes de las personas, no nos deberían alejar del conocimiento de que otras personas —inclusive nosotros mismos— son líderes potenciales en particulares ámbitos o circunstancias de la vida.

MITO #4: EL LIDERAZGO ES EL PRODUCTO DE UNA PERSONALIDAD IMPONENTE

Esta teoría emerge de la creencia de que el liderazgo es el resultado de una personalidad autoritaria, fríamente calculadora, no disparatada, de conducción severa, impaciente, temperamental e inestable. Esta falsa percepción surge de la idea de que las personas son fundamentalmente incompetentes y naturalmente débiles; y que si se quiere lograr algo, tienen que ser forzadas, amenazadas y manipuladas por sus líderes y jefes. Sin embargo, la evidencia siempre ha desafiado esta creencia, mostrando que las personas son más productivas y cooperadoras cuando están inspiradas, a diferencia de cuando son manipuladas por el liderazgo.

MITO #5: EL LIDERAZGO ES EL RESULTADO DE UN ENTRENAMIENTO ESPECIAL

Esta es la creencia de que los líderes son producidos a través de cursos y entrenamientos educativos especiales. Mucha gente siente que debe tener una maestría o asistir a conferencias de liderazgo para ser capaz de dirigir a otros. No hay nada malo con dicho entrenamiento. Pero el verdadero liderazgo no es una técnica, un método, un estilo o adquisición de destrezas. Es la manifestación de una actitud basada en el conocimiento. Su actitud sobre usted mismo tiene un tremendo impacto en su vida diaria, ya sea que culmine su propósito central de la vida.

Hemos permitido que las circunstancias, otras personas y nuestras propias creencias no comprobadas bloqueen nuestras tendencias naturales de liderazgo. No deberíamos permitirle a nadie que piense que no tenemos voluntad o algún sentido de criterio o perspectiva única de nosotros mismos. Otros pueden estar en posiciones de autoridad sobre nosotros, lo cual debemos respetar, pero esto no significa que ellos deben sofocar nuestro inherente potencial como líderes.

En este libro presentaré una filosofía alternativa del liderazgo que desafía todas las teorías anteriores y los conceptos tradicionales del potencial de liderazgo. A esta teoría le llamo la "naturaleza inherente del liderazgo".

3

EL VERDADERO LIDERAZGO ES UN ASUNTO DE ACTITUD

De nuevo, la esencia del liderazgo no está en las técnicas para controlar y manipular a las personas, aunque esto parece ser popular en el entrenamiento del liderazgo de hoy. Todos los cursos en administración de negocios de la universidad que usted pueda tomar, todos los métodos de liderazgo que pueda aprender y todos los seminarios de administración a los que pueda asistir pueden darle información, pero no pueden desarrollarlo en un verdadero líder.

El verdadero liderazgo es una actitud que naturalmente inspira y motiva a otros, y viene del descubrimiento interno del yo. Usted no puede "aprender" una actitud. Si alguien aprende una actitud, eso se llama acondicionamiento. Eso no es liderazgo.

Usted puede acondicionar a un animal para que haga algo, premiándolo o amenazándolo con un resultado externo. Pero una actitud es una perspectiva, una motivación o un deseo que viene desde adentro y no está basada en una consecuencia externa temporal. Es algo profundamente personal e interno que influencia y transforma su pensamiento acerca de usted mismo y su habilidad, valor, auto dignidad, autoestima, perspectiva de la vida, acciones y percepciones de otros.

"ASÍ COMO PIENSA, ASÍ SERÁ"

Aprender sobre el liderazgo, y conocer lo que significa ser un líder, son dos cosas diferentes. **El aprendizaje viene de la educación, mientras que el conocimiento viene de la revelación. El aprendizaje es cognitivo, mientras que el conocimiento es espiritual.** Realmente usted no cambia sino hasta que "conoce". El conocimiento cambia su mente, la cual transforma su actitud, la cual, por consiguiente, informa, dirige y regula su conducta.

William James escribió: "El mayor descubrimiento de nuestra generación es que los seres humanos pueden alterar sus vidas, alterando sus actitudes de la mente. Así como piensa, así será". Esto realmente fue un redescubrimiento porque, en siglos anteriores, otra generación escuchó una verdad similar del rey Salomón, el más sabio y poderoso hombre de sus días, quien dijo: "Porque cuál es su pensamiento en su corazón, tal es él".[4] Lo que una persona piensa en su propósito es lo que esencialmente hará en sus acciones. Sin embargo, el reto está en conocer cómo cambiar la actitud. Si la transformación de la actitud fuera simple, entonces muchos de nosotros podríamos haber cambiado cualquier cantidad de veces durante toda la vida.

La mayoría de nosotros no somos líderes hoy porque en nuestros corazones no creemos que lo seamos. De mi considerable experiencia para adiestrar a las personas sobre el liderazgo,

---

4. Proverbios 23:7.

he encontrado que lo que con frecuencia falta es un sentido inherente del espíritu de liderazgo que está dentro de ellos. Lo que pensamos y cómo pensamos sobre nuestro propósito en el mundo es la base de nuestras actitudes y acciones, hacia otros y hacia nosotros mismos.

Su futuro y habilidad del éxito no están atados a lo que otros piensan de usted. Están atados a lo que usted piensa de usted mismo. El origen de su actitud está en su determinación mental y sus pensamientos. Eso es lo que realmente es el espíritu de liderazgo.

EL LIDERAZGO DEL ESPÍRITU Y EL ESPÍRITU DE LIDERAZGO

En este libro he hecho una distinción entre el liderazgo del espíritu y el espíritu de liderazgo, de manera que usted pueda entender mejor su potencial de liderazgo y la actitud que va unida a ello. Nos fue dado el liderazgo del espíritu cuando fuimos creados. Nuestro potencial de liderazgo sigue intacto, pero hemos perdido el espíritu de liderazgo, es decir, la conciencia de nuestro ser, el haber sido hechos a imagen de nuestro Creador, así también las actitudes que acompañan ese conocimiento, que son los fundamentos del verdadero liderazgo.

Todavía tenemos la materia prima del potencial de liderazgo, pero la mayoría de nosotros no tenemos el deseo, valor o voluntad de usarla para lo que fue hecha. Es como plantar en un campo fértil, pero sin tener lluvia para que germine la semilla. O es como tener un Rolls-Royce, pero no tener gasolina para echarlo a andar. Usted posee algo con la promesa poderosa, pero usted no está disponible para maximizar su potencial total. En esencia, poseemos la aptitud, pero carecemos de la actitud que activa este poder no descubierto. Hemos sido llenos del Espíritu que está destinado para darnos poder para vivir y nos capacita para lo que fuimos creados. Como veremos en el siguiente capítulo, algunas personas han sido, instintiva o intencionalmente, capaces de intervenir en sus habilidades de liderazgo, pero la mayoría de nosotros no lo hemos sido.

LA ACTITUD CREA EL AMBIENTE

Debemos tener un entendimiento claro que el verdadero liderazgo es una actitud del corazón nacida por medio de un conocimiento renovado del propósito. Es más un asunto de ser alguien, y no de hacer algo. Es el descubrimiento propio que se traduce en actividades significativas como crear, construir y nutrir.

Esto nos regresa a nuestro inherente deseo humano de estar en control de nuestras circunstancias. **Los verdaderos líderes descubren y entienden quiénes son y cuál es su propósito; influencian sus entornos, en vez de que sus entornos los influencien a ellos.** ¿Ha notado cómo, algunas personas que tienen dificultad financiera, inmediatamente empiezan a encontrar y trabajar en soluciones para el problema, mientras que otros entran en pánico, pierden las esperanzas, se rinden a sus circunstancias y se quedan inmóviles por las deudas? ¿Conoce a personas que pueden convertir un apartamento de una habitación en un lindo y cómodo refugio que es más atractivo que muchas mansiones?

Estos ejemplos simples demuestran diferentes maneras en que algunas personas intervienen con sus habilidades de liderazgo e influencian sus entornos en vez de que sea lo contrario.

Hay aplicaciones innumerables de este principio en el diario vivir, ya sea en escalas mayores o menores, dependiendo de los dones y el llamado. Los verdaderos líderes se esfuerzan en salir de las crisis y se vuelven creativos en las dificultades.

CAPTURAR Y CULTIVAR EL ESPÍRITU DE LIDERAZGO

Todos debemos capturar y cultivar el espíritu de liderazgo; esta actitud de moldear y formar nuestras vidas de acuerdo con nuestros propósitos. **Aunque cada ser humano en este planeta tiene una inclinación para el liderazgo, la mayoría de nosotros no tenemos el denuedo para cultivarlo.** Este es un problema muy serio. Hemos estado tan acondicionados por el desánimo, el fracaso o la opresión de otros, al punto que nos sentimos temerosos de seguir nuestros instintos naturales de liderazgo. Pedimos disculpas diciendo, "soy muy penoso", "no soy tan dotado como él", "no poseo la educación", "mi familia nunca fue buena para eso".

Pocas personas en toda la raza humana han capturado o descubierto el espíritu de liderazgo al punto de encender su potencial de liderazgo. Nuestro reto es nutrir nuestros instintos de liderazgo a la magnitud en que podamos salir de ser seguidores y nos convirtamos en líderes en nuestros dominios inherentes.

Cuando usted toma la decisión de cultivar su propósito potencial de liderazgo, ocurre una transición. Usted se convertirá como el joven león que dejó el redil de las ovejas y se introdujo al bosque para poder cumplir con su verdadera naturaleza. ¿Se enfrentó él a la incertidumbre, los cambios y al peligro del bosque? Sí. Pero también se convirtió en lo que fue diseñado a ser. Él aprendió, creció y se convirtió en un líder por medio del descubrimiento del potencial dentro de él.

DESCUBRA EL LÍDER DENTRO DE USTED

El potencial de liderazgo dentro de usted está esperando a ser descubierto. Este libro le ayudará a identificar la naturaleza y las actitudes que corresponden al espíritu de liderazgo para que usted pueda convertirse en lo que fue diseñado a ser.

Nuevamente, el verdadero liderazgo es el descubrimiento propio. Tiene muy poco que ver con lo que usted *hace*, pero es una manera fundamental para convertirse en quien usted *es*. Es el resultado del compromiso para la manifestación propia.

Usted *nació* para liderar, pero debe *convertirse* en un líder. Cada ser humano fue dotado por el Creador con el potencial de liderazgo en un área específica de talentos. El espíritu humano está designado para manejar y controlar su mundo, y esto funciona mejor cuando se crea un ambiente conducente a esta búsqueda.

Usted es un líder, sin importar su actual nivel o sus sentimientos hacia la habilidad y potencial del liderazgo. Cuando usted descubre esta verdad y se convence de ello, ya no se conformará con ser solo un seguidor. Aprenderá el secreto de convertirse en un líder por medio del descubrimiento del líder escondido dentro de usted.

¿Está listo para prepararse y embarcarse en la vida para la cual nació?

4

¿QUÉ ES UN VERDADERO LÍDER?

*El liderazgo es la capacidad de influenciar a
otros a través de la inspiración motivada por
una pasión, generada por una visión,
producida por una convicción,
encendida por un propósito.*

Peter F. Drucker, uno de los pioneros pensadores de nuestra generación y autoridad en el tema del liderazgo y gerencia, dijo: "Puede que hayan 'líderes natos', pero seguramente también hay algunos que dependen de ellos. El liderazgo debe ser aprendido y puede ser aprendido... 'la personalidad del liderazgo', 'el estilo de liderazgo', y 'las cualidades del liderazgo' no existen".[3]

¿Qué hace a un líder ser líder? ¿Cómo identifica usted el liderazgo cuando está presente? En este capítulo exploraremos varias definiciones del liderazgo y las compararemos con una definición que he desarrollado a través de años de observación e investigación. Los siguientes ejemplos de líderes ayudan a demostrar el hecho de que el verdadero liderazgo es una actitud en vez de un título y que es inspirado en vez de manipulado o controlado.

EL LIDERAZGO ES MÁS QUE UNA INFLUENCIA

Una definición popular de liderazgo es que "el liderazgo es influencia". A pesar del hecho de que el liderazgo involucra el componente de la influencia, creo que es una descripción incompleta porque no distingue el tipo de influencia, el medio o la causa de dicha influencia.

¿Recuerda la historia en el capítulo uno del adolescente que tenía un arma y ordenó a "todos al suelo"? ¿Qué haría usted en dicha situación? Probablemente usted haga lo que se le dijo porque, él podría influenciarlo a tomar cierta acción por medio del temor y la intimidación, pero dudo que considerara su conducta para ser líder. El hecho es que el verdadero liderazgo no es el control o la manipulación de otros, sino la sumisión voluntaria de las personas, de la autoridad propia a la de usted, motivada por la inspiración.

Hay muchas personas, en el pasado y en el presente, que han influenciado a otros utilizando el temor y la violencia, pero nosotros no le llamamos a eso un verdadero liderazgo. Le llamamos manipulación, opresión o dictadura. Nerón, Hitler e Idi Amin, todos fueron influyentes. Ellos impusieron sus voluntades sobre sus pueblos, pero no eran líderes en el sentido real.

UNA DEFINICIÓN FUNCIONAL DEL LIDERAZGO

El verdadero liderazgo fundamentalmente requiere de la responsabilidad de llevar a los seguidores hacia una emocionante y desconocida realidad. Después de treinta años de estudio sobre el liderazgo, mi definición incorpora los ingredientes y componentes principales que, creo, dan nacimiento a un comprobado liderazgo verdadero y que puede ser aplicado por cualquiera que decida descubrir y liberar el líder que lleva dentro de sí. La siguiente es mi definición del liderazgo, la cual servirá como definición funcional del liderazgo a lo largo de este libro:

> *El liderazgo es la capacidad de influenciar a otros a través de la inspiración motivada por una pasión, generada por una visión, producida por una convicción, encendida por un propósito.*

LA PRIORIDAD DE LA INSPIRACIÓN

Un estudio cuidadoso de esta definición revelará que el liderazgo no es una búsqueda, sino un resultado. Bajo esta definición, la palabra *líder* no es una clasificación que usted se da. *Líder* es como las personas le llaman cuando las inspira porque ellas son estimuladas a participar en la visión positiva que usted les está presentando, ya sea la visión de un país, compañía o causa.

El liderazgo es un privilegio dado por los seguidores. El gran rabino judío, Jesús de Nazaret —el máximo modelo de liderazgo eficaz— inspiró tanto a sus discípulos escogidos que dejaron sus quehaceres y, por un tiempo, sus familias, para seguirle. Él nunca los amenazó o los forzó a que lo siguieran, sino que los inspiró y luego los invitó para que lo acompañaran.

Un mayor estudio de esta definición también revelará la prioridad de la *inspiración* en el desarrollo de un líder y su liderazgo. De hecho, **el verdadero liderazgo es cien por ciento influenciado a través de la inspiración.** Por lo tanto, la principal búsqueda de aquellos que desean y aspiran convertirse en líderes eficaces debe ser la respuesta a esta pregunta: "¿Cómo inspiro y cuál es el origen de la inspiración?".

La mejor manera de acercar y apreciar la aplicación práctica de nuestra definición es iniciar el proceso al final de la definición. Usted notará que el proceso inicia con un descubrimiento del individuo de un propósito personal que, cuando es capturado, produce una convicción. Esta convicción genera una visión en el propósito de la persona al punto que estimula una pasión. La fuerza de esta apasionada persona por la búsqueda de la visión inspira a otros, quienes son estimulados a unirse y cooperar con la visión. Este efecto máximo es llamado "influencia" y resulta en que los seguidores reconocen al individuo como su "líder".

Si la inspiración es la clave para legitimar la influencia y de esta manera la fuente del verdadero liderazgo, una vez más la inspiración debería ser la búsqueda de todos los verdaderos propósitos. ¿Cómo los líderes inspiran a otros? ¿Cuál es la fuente de la inspiración? Estas son las preguntas más importantes del liderazgo, y cuando haya encontrado las respuestas, usted habrá empezado a descubrir su propio potencial de liderazgo.

EL PODER DE LA PASIÓN

Expresado simplemente, la fuente de la inspiración es la *pasión*. Este componente del liderazgo es el centro de la influencia y es el generador de la energía y el ánimo del líder. La pasión es el descubrimiento de un deseo profundo nacido de una convicción que somete a alguien poseído por el compromiso, para cumplir un propósito. Este apasionado compromiso nos permite enfrentar la oposición, la adversidad, el fracaso, el desacuerdo y el desánimo.

La pasión es un deseo controlado que excede los límites del interés casual o preocupación y transporta al individuo dentro del reino de la obligación. En esencia, **la pasión del verdadero liderazgo es el descubrimiento de una creencia, razón, idea, convicción, o causa, no solo para vivir, sino también para morir, la cual se enfoca en beneficio de la humanidad como un todo.** Este es el sentido personal para resolver; la obligación y disposición para sacrificar la comodidad y prosperidad por el bien de una noble causa que impacta a otros y resuena dentro de ellos como un deseo de ayudar a alcanzar el deseo, meta o visión estipulada. Por lo tanto, los verdaderos líderes son aquellos que expresan eficazmente sus pasiones internas que encuentran una respuesta en común en los corazones de los demás. Esta es la pasión que atrae gente al líder, quien los motiva a tomar acción.

Este aspecto vital del desarrollo del liderazgo eficaz fue expresado en las vidas de los grandes líderes a través de la historia e identifica lo que los separa de los seguidores. Nuevamente, considere el mayor de los líderes de todos los tiempos, el joven rabino judío Jesucristo, quien personifica nuestra definición del verdadero liderazgo. Su efectividad de liderazgo es indiscutible, aún por sus críticos y escépticos; y ningún estudio de líderes históricos puede ser justamente conducido sin la referencia de su impecable logro y su modelo como un líder del más alto grado. Ningún hombre jamás había afectado el destino y el desarrollo de la humanidad como Él lo hizo.

EL MÁXIMO MODELO DE LIDERAZGO

Nacido en una ciudad oscura y olvidada en las colinas de la antigua Judea; criado en una villa que, de acuerdo con investigaciones arqueológicas, tenía solo una calle y once casas; y sin dejar registro de haber tenido alguna educación formal, este joven introdujo su visión de un nuevo orden mundial a las personas sencillas de la villa, quienes se consideraban a sí mismas como lo último del estrato social. Pero su claro sentido de propósito, compromiso a la causa, pasión y compasión inflexibles, inspiraron a doce negociantes comunes locales —dentro de ellos, cuatro pescadores y un recaudador de impuestos— para abandonar sus sueños personales, prioridades privadas y ocupaciones, para seguirle aun hasta la muerte.

Él fue tan apasionado sobre lo que vino a hacer, que motivó a sus discípulos a dejar atrás sus viejas prioridades y maneras de vivir para descubrir un nuevo tipo de vida con Él. Ellos nunca habían encontrado a alguien que estuviera listo para morir por lo que Él estaba viviendo. Además, su impacto y huellas en la historia del mundo y en las vidas personales de millones por más de dos milenios, testifican del liderazgo en su más alto nivel y esencia.

Como ya mencioné anteriormente, el origen de la verdadera pasión es el descubrimiento de un claro sentido de propósito y el significado para nuestra vida. Cuando una persona descubre un sentido de propósito, esto produce una pasión para buscarlo, y la pasión es lo que inspira a otras personas a querer unirse en la búsqueda. Luego, a medida que las personas son inspiradas, sus pensamientos y sus vidas son influenciados naturalmente. La verdadera inspiración no es la manipulación o el lavado de cerebro. Al contrario, es una invitación para buscar algo más alto o mejor de lo que hayamos tenido antes y, en el proceso, ganar un sentido de significado e importancia para la vida propia.

Para clarificar el proceso del liderazgo de acuerdo con nuestra definición funcional, vamos a revisar el progreso del desarrollo del liderazgo:

1. Propósito.
2. Convicción.
3. Visión.
4. Pasión.
5. Inspiración.
6. Influencia.
7. Liderazgo.

Es imposible lograr el verdadero liderazgo a menos que todos estos ingredientes estén presentes e integrados en uno solo, produciendo una fuerza para el cambio en nuestros compromisos, sociedad y mundo.

EJEMPLO DE LÍDERES EFICACES

Los líderes, con frecuencia, son personas comunes que aceptan o son colocadas en circunstancias extraordinarias que exteriorizan su latente potencial, produciendo un carácter que inspira seguridad y confianza en otros. Muchos de los grandes líderes en la historia fueron "víctimas" de las circunstancias. Ellos no intentaron ser líderes, pero las demandas de la vida encendieron un espíritu dormido que estaba dentro de ellos. **El mayor liderazgo parece emerger durante los momentos de conflictos personales, sociales, económicos, políticos y espirituales.**

Miremos nuevamente la definición que propongo del liderazgo:

El liderazgo es la capacidad de influenciar a otros
a través de la inspiración motivada por una pasión,
generada por una visión, producida por una
convicción, encendida por un propósito.

Cuando usted aplique esta definición de liderazgo a cada uno de los seguidores, usted empieza a ver una conexión común que explica su influencia de liderazgo. He puesto ejemplos de grandes líderes de épocas antiguas y contemporáneas. Cada uno de estos líderes primero descubrió un propósito para sus vidas, convirtiéndolo en pasión. Su pasión inspiró e influenció a otros quienes personalmente aceptaron los propósitos de los líderes, y permitieron a estos líderes que les guiaran en la dirección específica de sus visiones, las cuales causaron cambios en el mundo.

Moisés, el histórico hebreo impulsivo, fue un claro sentido de propósito dado. En sus escritos describe su encuentro con Dios en el desierto, donde se le dijo para lo que había nacido y debía cumplir: liberar a sus hermanos hebreos, quienes eran esclavos en Egipto, y guiarlos a la Tierra Prometida. Después de algún temor inicial concerniente a los detalles de su trabajo, Moisés se apasionó por su propósito. Se lo describió a su hermano Aarón, y fue con él donde los israelitas a decirles sobre esta visión de la Tierra Prometida.[5]

Moisés creyó en su propósito tan profundamente que ellos también empezaron a creen que su libertad era posible. Él los inspiró para que tuvieran el valor de abandonar sus dolorosas, pero acostumbradas tareas de ser una fuerza laboral esclava en Egipto.

---

5. Libro de Éxodo.

El resultado fue que ellos estaban dispuestos a seguirle al desierto, donde no había civilización ni ningún medio de alimento o agua. Ellos habían tomado la visión de esta tierra que Moisés les había dicho, una "tierra que fluía leche y miel", y fueron influenciados a seguirle con confianza hacia el desierto desconocido.

MARTIN LUTHER KING, JR.

La inolvidable frase: "Tengo un sueño", encapsula el propósito, la pasión y la inspiración del Dr. Martin Luther King, Jr., líder y símbolo de la lucha de los afroamericanos por los derechos civiles, el Dr. King ayudó a cambiar las leyes y los corazones en Estados Unidos, liderando hacia la mayor ecuanimidad y libertad en el país. A continuación, algunas de sus palabras inspiradoras del discurso:

"Tengo un sueño, que un día esta nación se levantará y vivirá el verdadero significado de la creencia que: "Sostenemos estas verdades para ser evidencia propia; que todos los hombres son creados iguales" ...Tengo un sueño, que mis cuatro hijos pequeños, algún día vivirán en una nación en donde no serán juzgados por el color de su piel, sino por el contenido de su carácter."

El propósito del Dr. King fue la búsqueda de la igualdad; su convicción y pasión fueron una visión en ese país, los Estados Unidos de América, en donde la libertad es derecho y privilegio de cada persona. Cientos de miles de personas captaron esta visión, mientras él influenciaba un cambio en las leyes fundamentales de la tierra. El Dr. King tenía una visión y estaba dispuesto a vivir —o morir— por ella.

WINSTON CHURCHILL

Durante la Segunda Guerra Mundial, antes de que Estados Unidos entrara en la guerra, Gran Bretaña estaba perdiendo, luchando sin ayuda para salvar no solo a Inglaterra sino también a Europa de ser invadidas y gobernadas por la Alemania nazi. Su líder era Winston Churchill, quien era considerado un fracaso en la política antes de convertirse en primer ministro a la edad de sesenta y seis años. Después, escribió: "Sentí como si estuviera caminando con el destino, y que toda mi vida pasada ha sido solo una preparación para esta hora y para esta prueba".

Los discursos de Winston Churchill durante este tiempo de crisis nacional revelan su sentido de propósito. Él inspiró a los ingleses a creer que la democracia parlamentaria y la libertad eran de suficiente valor para pelear o morir por ellas. Su propósito produjo una pasión sin descanso para prevalecer, y sus discursos confiados, animados y poderosos dan mérito para mantener fuerte la moral de los ingleses cuando aparentemente enfrentaban condiciones desfavorables e imposibles. Uno de sus más famosos dichos fue: "Nunca se rinda, nunca se rinda, nunca, nunca, nunca, nunca —en nada, ya sea grande o pequeño, largo o corto— nunca se rinda, excepto por convicciones de honor y buen sentido". En su discurso: "Sus mejores horas", es clara la evidencia de su habilidad para inspirar a aquellos que estaban buscando en él un liderazgo:

"…La batalla de Francia se terminó. Creo que la batalla de Inglaterra casi empieza. De esta batalla depende la existencia de la civilización cristiana. De ella depende nuestra propia vida inglesa y la larga continuidad de nuestras instituciones y de nuestro imperio. Toda la furia y poder del enemigo, muy pronto deberá caer sobre nosotros. Hitler sabe que tendrá que derrotarnos."

La visión de Churchill para Gran Bretaña y el mundo influenció a los individuos y a las naciones para extenderse más allá de lo que fueron enseñados; les mostraron que eran capaces de lograr la victoria.

NEHEMÍAS

Nehemías[6] fue un judío exiliado que servía como copero del rey persa Artajerjes. Fue visitado por unos hombres de Judá que le dijeron que el muro de Jerusalén había sido derribado y que sus portones habían sido quemados. Afligido por esa situación, y porque eso significaba la angustia de su pueblo, Nehemías oró día y noche. Él creyó que Dios había puesto en su propósito que hiciera algo por esta situación. Reconstruir el muro vino a ser su propósito, lo cual creó una total pasión para restaurar lo que él pudiera de la ciudad. Su pasión profunda influenció a Artajerjes —quien no tenía razón real para querer construir la ciudad del pueblo que su nación había conquistado— para ayudar a Nehemías a realizar su deseo. Él le dio a su copero un pasaje seguro hacia Jerusalén y también le suplió de materiales de construcción.

Nehemías viajó a Jerusalén y les presentó a los judíos que vivían en la región su visión de construir el muro y cómo el mismo rey Artajerjes le estaba ayudando. Su compromiso personal para

---

6. Ver Libro de Nehemías.

la restauración de Jerusalén inspiró al pueblo, y rápidamente se unieron en la labor.

Nehemías muy pronto enfrentó oposiciones desagradables de algunos residentes locales y oficiales. Cuando los enemigos de Nehemías trataron de disuadirlo de su proyecto, él se mantuvo enfocado en su propósito, esencialmente diciendo: "Yo hago una gran obra, y no puedo ir; porque cesaría la obra, dejándola yo para ir a vosotros". Cuando él y sus fieles compañeros fueron amenazados con temor, intimidación y ataque físico; su constancia y confianza en su propósito dado por Dios los inspiró para mantenerse firmes en la visión y rechazar la idea de abandonarla, hasta que la tarea fuera terminada. Su liderazgo fue el resultado del descubrimiento de un propósito que produjo una visión y una pasión profunda, la cual influenció a toda una población para recobrar una causa que benefició a toda una nación y cambió el curso de la historia.

LA REINA ESTER

Ester era una linda joven hebrea, también viviendo en el exilio, pero en un periodo anterior. A través de una extraordinaria combinación de circunstancias, se convirtió en la reina del rey persa, Asuero, también conocido como Jerjes. Cuando ella se dio cuenta de un complot para aniquilar a los judíos, descubrió que ella había nacido para un propósito crucial: preservar a su pueblo. De hecho, su tío le dijo: "Quizás te hayas convertido en reina para un momento como este".[7]

---

7. Ester 4:14.

Cuando Ester aceptó su propósito, esto se convirtió en su pasión, y estuvo dispuesta a arriesgar su propia vida para este cumplimiento, diciendo: "Si perezco, que perezca".[8] Su valentía y gracia, bajo tremenda presión, influenció a que el rey aceptara un plan para proteger a los judíos, quienes estaban inspirados para recobrar la defensa de ellos mismos.

Ester era una mujer común que fue colocada en circunstancias extraordinarias y que tomó parte en influenciar y preservar a toda su generación. Su sentido de propósito y destino estaba claro y produjo en ella una pasión por la cual estaba dispuesta a morir. Esta pasión impactó e influenció al rey y salvó a toda una nación bajo su liderazgo.

NELSON MANDELA

El propósito de Nelson Mandela era la eliminación de la política de la separación racial y el establecimiento de la igualdad racial en África del Sur. Él deseaba la formación de una sociedad libre y democrática para toda la gente, negros y blancos. Su pasión para este propósito lo llevó a pelear por esas causas, por lo cual fue sentenciado a prisión de por vida. En su juicio, explicó su visión para su país:

"He peleado en contra de la dominación blanca y negra. He estimado el ideal de una sociedad democrática y libre en la cual todas las personas vivan juntos en armonía y con iguales oportunidades. Este es un ideal que espero vivir y alcanzar. Pero si es necesario, este es un ideal para el cual estoy preparado para morir."

8. Ester 4:16.

Debido a la presión nacional e internacional, Mandela fue liberado de la prisión después de veintiocho años. Luego trabajó con el líder Surafricano blanco, F. W. de Klerk, para eliminar la separación racial y ambos fueron galardonados con el Premio Nobel de la Paz en 1993. En un hecho histórico, Mandela fue electo como presidente de su país bajo elecciones democráticas abiertas y sirvió en esta posición desde 1994-1999. La pasión de Mandela transformó la apariencia, el gobierno, la estructura y las políticas de todo un país.

EL REY DAVID

David[9] es uno de los líderes más fascinantes y notables en la historia del mundo. Su propósito en toda su vida fue el deseo de servirle a su Dios, restaurar el honor de su nación y reforzar su pueblo políticamente y militarmente.

Cuando el rey de Israel, Saúl, se alejó de Dios, el profeta Samuel fue enviado para ungir como rey a David, el menor de una familia israelita humilde. En ese momento David era solo un joven pastor de ovejas. Solo Samuel, David y la familia de David sabían sobre esta unción, y podría pasar muchos años antes de que David fuera reconocido como rey. Sin embargo, el relato bíblico dice que David fue "un hombre conforme al corazón de Dios".[10] El propósito y pasión de David fueron reconocidos como cualidades valiosas en el hombre que lideraría el pueblo israelí.

David estaba apasionado por su propósito y llegó a la prominencia luego de su unción. Él era el único que creía que los israelitas podrían enfrentarse a sus enemigos, los filisteos, incluyendo

---

9. 1ra. y 2da. Samuel; 1ra. Reyes; 1ra. Crónicas.
10. 1 Samuel 13:14.

a Goliat el guerrero filisteo colosal, cuya coraza de malla pesaba doscientas libras.

En síntesis, David preguntó: "¿Quién es este que desafía al ejército del Dios viviente?".[11] Usando solamente su honda y cinco piedras finas, lanzó un misil bien apuntado que golpeó en la frente del gigante, matándolo instantáneamente. Luego los israelitas desbandaron al ejército de filisteos. David inspiró no solo al ejército, también a toda la nación, para creer que ellos no eran víctimas, sino que eran capaces de vencer a sus enemigos. Seguidamente, David vino a ser un héroe militar y era el favorito en la corte del rey Saúl, cuyo hijo, Jonatán, llegó a ser su mejor amigo.

Pero el éxito de David en el campo de batalla determina una década larga e intensa de conflictos y exilio para él. David y sus fieles seguidores continuamente luchaban por sus vidas ya que Saúl, celoso, procuraba matar a David. Durante todo este tiempo, David respetaba constantemente a Saúl como rey y preservó su vida, aun cuando dos veces tuvo la oportunidad de matarlo.

Eventualmente, Saúl y Jonatán fueron muertos en una batalla contra los filisteos, y David finalmente empezó su reinado. Bajo el gobierno de David, la nación creció y prosperó. Su base fue determinante para convertirse en una de las naciones más respetadas, temerarias y poderosas en el mundo. Antes de su muerte, David ayudó a preparar los materiales para el espléndido templo de Jerusalén, que su hijo Salomón construyó.

---

11. 1 Samuel 17:26.

David inspiró a su pueblo a través de la devoción, la fe, la lealtad y el valor. A cambio, su pueblo le amó, respetó y sirvió. Aun hoy, miles de años después, millones continúan inspirados por el registro de las historias y eventos de su vida, los cuales describen su sentido profundo de propósito y pasión.

ABRAHAM LINCOLN

Abraham Lincoln creía que era esencial para el futuro de los Estados Unidos de América, mantener al país unido en el tiempo en que los estados del Sur querían separar los temas de la esclavitud y los derechos del estado. Su propósito era mantener la Unión, y su pasión para hacerlo, lo guio a que mantuviera su visión de un país unido, aun cuando esto llevara a la guerra civil. Él también tenía un propósito por el cual estaba dispuesto a morir. Lincoln escribió:

> "Con frecuencia me pregunté, qué gran principio o idea fue mantener esta Confederación [Unión] junta por mucho tiempo. Esto era lo que prometía, que en poco tiempo el peso sería quitado de los hombros de todos los hombres. Este es un sentimiento incluido en la Declaración de Independencia.... No he dicho nada, pero estoy dispuesto a vivir por ello, y si es el deseo del Todopoderoso Dios, también morir."

Lincoln también ayudó a influenciar a la nación para tirar el yugo de la esclavitud. Justo antes que se pusiera en efecto la Proclamación de la Emancipación, Lincoln anunció su propósito y pasión para su acción en su mensaje anual al Congreso.

Finalmente, Lincoln inspiró al pueblo a ponerle fin a la guerra y restaurar la unidad del país, aunque su propósito, por cierto, eventualmente le costó la vida.

CORRIE TEN BOOM

Corrie ten Boom era de cincuenta años de edad cuando los nazis invadieron su nativa Holanda. En aquel tiempo, ella había vivido una vida oscura con su hermana mientras le ayudaban a su padre en la tienda de relojes y quieta, pero devotamente, practicaban su fe cristiana. Después de que Holanda cayó, ella y su familia se enfrentaron a la realidad de la persecución nazi y la muerte de judíos. A través de esta crisis descubrieron su propósito: preservar las vidas de los judíos y otros perseguidos por los nazis, escondiéndolos en una habitación secreta de su casa. Su pasión fue tan fuerte que arriesgaron sus propias vidas para este cumplimiento.

Eventualmente, Corrie y varios miembros de su familia fueron delatados. La GESTAPO nunca encontró a los judíos ni a los miembros encubiertos entre los alemanes, que fueron escondidos en su casa en el momento de su arresto, y el refugio fue llevado a unas nuevas "casas de seguridad". Sin embargo, el padre de Corrie murió en prisión y su hermana murió en un campo de concentración. Después de sufrir en prisión, trabajar en el campo y en un campo de concentración, Corrie estaba a punto de ser ejecutada cuando fue liberada por un error de oficina.

JOHN F. KENNEDY

Cuando John F. Kennedy fue presidente de los Estados Unidos de América, demostró un claro propósito en dos áreas principales: sintió que debía hacer algo para ayudar al pobre y desvalido dentro y fuera de su país; y sintió que debía desarrollar un programa espacial efectivo, colocando a los Estados Unidos a la delantera de todos los países con referencia a la ciencia y la tecnología. Estas dos cosas, en mi opinión, definen su pasión. En la búsqueda, encontró que su propósito era crear un sentido de dignidad en la psiquis estadounidense.

Como resultado, JFK inspiró a la nación para cuidar de aquellos menos afortunados, ejemplificado por esta declaración: "No preguntes lo que tu país puede hacer por ti, sino lo que tú puedes hacer por tu país".

Kennedy también inspiró a los Estados Unidos de América a que invirtiera billones de dólares en un programa espacial. Creo que él primero creó en sus conciudadanos el orgullo americano, y luego reforzó esa imagen propia capacitando al pueblo para alcanzar lo que ningún país había alcanzado antes, enviando (y regresando) a la luna una nave espacial tripulada.

RONALD REAGAN

Ronald Reagan tenía un claro sentido de propósito en su vida: la eliminación del comunismo. Deseó levantar la opresión totalitaria de millones de personas que sufrían por sus ideologías y políticas. Su propósito se convirtió en su pasión, y esto influenció su pensamiento, búsqueda y políticas externas como presidente de los Estados Unidos de América. A diferencia de líderes estadounidenses anteriores, él creía que el comunismo no solo podía ser encerrado, sino que también podía ser derrotado.

"Es momento que nos comprometamos como nación —en ambos sectores, públicos y privados— para ayudar al desarrollo democrático.... Lo que estoy describiendo ahora es un plan y una esperanza a largo plazo, la marcha de la libertad y de la democracia, lo cual dejará al marxismo-leninismo en los despojos de la historia, así como ha dejado otras tiranías que sofocan la libertad y ponen bozal a la expresión de los pueblos....

"Vamos a iniciar un mejor esfuerzo para asegurar lo mejor, una cruzada de libertad que engranará la fe y fortaleza de la próxima generación. Por el bien de la paz y la justicia, sigamos hacia un mundo en donde todas las personas sean libres para determinar sus propios destinos."

Reagan creyó tanto en su propósito que inspiró no solo a su nación, sino también al mundo entero, y vivió para ver el colapso del comunismo.

PABLO

Pablo,[12] el líder cristiano primitivo y escritor, estaba dedicado al propósito de llevar el mensaje cristiano a los gentiles. Al principio, se opuso apasionadamente a quienes eran llamados al cristianismo. Luego, Pablo recibió su propósito cuando iba hacia Damasco y tuvo un encuentro con el Cristo vivo.

La vida de Pablo dio un giro de 180 grados. Descubrió que había nacido para ser emisario para los pueblos que no eran de su

---

12. Vida de Pablo en el Libro de los Hechos.

propia raza y cultura. Su pasión por este propósito puede encontrarse en su carta a los cristianos primitivos de Roma, en donde escribió que fue "obligado por los griegos y los no griegos", y que estaba "ansioso de predicarles". También declaró: "No me avergüenzo del evangelio".

Primero, él dijo que estaba "obligado", o forzado, por un propósito interno de ir a los gentiles. Segundo, él estaba "pronto". Su propósito generó una emoción y anticipación por llevar a cabo su labor. Tercero, él no se "avergonzaba" de su obra. Sin importar el ridículo, la persecución o el peligro que enfrentara, siempre perseveró en su llamado.

¿Cuánta gente tiene tal convicción sobre sus propósitos en la vida, que continúan firmes aun en medio de los desacuerdos y obstáculos como aquellos que enfrentó Pablo? Él no lo pudo haber logrado sin el propósito y la pasión interna. En su segunda carta a la iglesia en la ciudad de Corinto, en la Grecia antigua, escribió de su continua y ardua labor y cómo fue azotado, golpeado con varas, apedreado, buscado por las autoridades, encarcelado y en constante peligro de muerte. Naufragó tres veces; en una de esas veces, estuvo flotando en el mar por veinticuatro horas antes de ser rescatado. Él describió estar en "constante movimiento", enfrentando el peligro de los ríos, ladrones y de sus propios conciudadanos y gentiles. También dijo:

> He pasado muchos trabajos y fatigas, muchas veces me he quedado sin dormir, he sufrido hambre y sed. Muchas veces me he quedado en ayunas y he sufrido frío y desnudez. Y como si fuera poco, cada día pesa sobre mí la preocupación por todas las iglesias. Cuando alguien se siente débil, ¿no

comparto yo su debilidad? Y cuando a alguien se le hace
pecar, ¿no ardo yo de indignación?

(2 Corintios 11: 27-29 NVI)

La dedicación de Pablo en su propósito y amor genuino por las personas sirvió de inspiración no solo para su generación, sino también para las generaciones siguientes, quienes, por miles de años, han leído sus palabras y han sido influenciados por su visión y ejemplo. Esta es la esencia del verdadero liderazgo, propósito, convicción, pasión, inspiración y compromiso hasta la muerte.

MADRE TERESA

Agnes Gonxha Bojaxhiu, que mundialmente ha sido conocida como Madre Teresa, nació en Skopje, Macedonia. Cuando era niña, sintió que el propósito de su vida era servir a Dios a tiempo completo. Cuando tenía dieciocho años se convirtió en monja y se fue a India con las Hermanas de Loreto, donde enseñó en una escuela secundaria católica por muchos años. Durante este tiempo, fue testigo de la vida en pobreza y enfermedad de mucha gente en India. El propósito de su vida y la pasión se cristalizaron cuando sintió el llamado de Dios para ayudar "a los más pobres de los pobres", y se volvió devota para llevar esperanza, dignidad, sanidad y educación a los necesitados en Calcuta, aquellos quienes otros habían rechazado por estar fuera del alcance de la ayuda o que "no valían la pena".

La Madre Teresa inició su propia orden llamada "Las Misioneras de la Caridad", y se convirtió en un personaje reconocido nacional e internacionalmente por su labor humanitaria desinteresada. Su pasión por ayudar a otros le guio a identificarse totalmente con ellos: se convirtió en ciudadana de India y siempre mantuvo su voto de pobreza, aun cuando fue famosa.

Su labor se expandió más allá de la India a otros países del mundo, influenciando a cientos de miles para acompañarla en su visión. Ella creía en la diferencia que una persona puede hacer en el mundo, diciendo: "Si usted no puede alimentar a cien personas, entonces alimente solo a una", y "el amor da fruto en todas las estaciones, y al alcance de cada mano". La Madre Teresa animó a otros: "No espere por los líderes, hágalo solo, de persona a persona".

DESCUBRIENDO SU PROPIO POTENCIAL DE LIDERAZGO

La historia de la Madre Teresa vuelve a enfatizar esta importante verdad sobre el liderazgo: Debemos recordar que, aunque los líderes tengan seguidores, tener seguidores no es un prerrequisito para ser un líder. **Las demandas del liderazgo pueden requerir que usted se quede solo al enfrentar un conflicto, opinión pública o crisis.** Pero, la mera disposición de mantenerse firme en lo que usted cree, sin importar lo que pase, es lo que con frecuencia inspira a las personas para que le sigan.

La mayoría de los líderes van en sentido contrario, de un punto a otro, y deben mantenerse solos en sus convicciones. Por ejemplo, Nelson Mandela estaba dispuesto a morir o estar encarcelado solo para cumplir con su pasión y terminar con la separación racial. Su determinación inspiró a muchas personas a mantenerse creyendo durante todos los años que él estuvo encarcelado. Cuando finalmente fue liberado de la prisión, salió a influenciar al mundo debido a su valor. Cuando usted tenga un propósito y una pasión, debe llevarla a cabo, aunque usted sea el único que crea en eso, en ese momento.

Los ejemplos anteriores demuestran que la forma más pura del liderazgo es influenciar por medio de la inspiración. **Creo que la inspiración es un depósito divino del destino en el propósito de una persona. Es lo opuesto a la intimidación y no contiene manipulación.**

Vamos a resumir esta sección con otra definición de liderazgo que describe las vidas que acabamos de ver: "El liderazgo es la capacidad de influenciar, inspirar, reunir, dirigir, animar, motivar, inducir, mover, movilizar y activar a otros en la búsqueda de una meta o propósito en común, manteniendo el compromiso, fuerza, confianza y denuedo".

¿Cómo descubre usted su propósito y pasión personal como "depósito divino del destino"? Una muy importante manera es preguntarse: "¿Cuál es mi don?". Para lo que usted es dotado, con frecuencia revela el tipo de liderazgo para el que fue destinado a ejercer, y en qué campo debe usted operar. **Los verdaderos líderes descubren la clave de la naturaleza del liderazgo por los ejemplos de otros, pero nunca tratan de _convertirse_ en esos otros líderes. Deben usar sus propios dones y habilidades para hacer lo que individualmente fueron llamados a hacer.**

LA NECESIDAD VITAL PARA SU LIDERAZGO

Si usted no descubre su propio potencial de liderazgo, eso significa que no será capaz de cumplir con la misión de su vida. El resultado es que usted va a privar a su generación y las siguientes de su única y vital contribución al mundo. El Creador nos ha dado vida a cada uno de nosotros para cumplir algo en nuestra generación.

Considere cómo sería el mundo si Winston Churchill hubiera dicho: "La supervivencia de Gran Bretaña y el resto del mundo libre, es problema de otros. Voy a dejar que los nazis hagan lo que quieran". Suponga que Corrie ten Boom haya decidido que el esconder judíos era una propuesta demasiado riesgosa. ¿Y si Martin Luther King, Jr. no hubiera pensado que los derechos civiles eran importantes como para morir por ellos? ¿Qué hubiera pasado si la Madre Teresa hubiera ignorado a los pobres y enfermos de las calles de Calcuta?

Puede que nunca, en toda nuestra vida, hayamos conocido el impacto total de nuestra influencia y acciones, grandes o pequeñas. A la luz de esta verdad, desarrollar el potencial de liderazgo de alguien no debería ser una opción para nadie. Tenemos una responsabilidad de encontrar, ejecutar y completar nuestros propósitos. A medida que vayamos entendiendo la naturaleza y las actitudes de los verdaderos líderes, podremos remover cualquier cosa que esté impidiéndonos desarrollar el espíritu de liderazgo para que podamos hacer una contribución positiva y duradera a nuestra generación.

5

EL LIDERAZGO DEL ESPÍRITU

*Para ejercer el liderazgo, debe creer que usted es
verdaderamente un líder.*

El liderazgo realmente se da en dos cosas: quién es y cómo
piensa usted. Tiene que ver con descubrir su identidad como un
líder nato, y luego entender la manera de pensar de los verdaderos líderes para que pueda cumplir su llamado inherente. Si
usted no establece primero su naturaleza de liderazgo, será muy
difícil tener una mentalidad de liderazgo.

El verdadero liderazgo primero tiene que ver con quién es
usted y no con lo que usted hace. La acción del liderazgo fluye
naturalmente de una revelación personal del liderazgo. Para ejercer el liderazgo, usted debe creer que es inherentemente un líder.
Una vez más, para buscar el propósito tal como lo hacen los líderes, debe pensar como un líder. Para pensar como un líder, usted
debe recibir los pensamientos del liderazgo. Para recibir los pensamientos del liderazgo, debe tener un encuentro personal con
su verdadero yo, un descubrimiento de su naturaleza, habilidad
y esencia como ser humano. Al igual que un producto no puede

saber su verdadero propósito o valor, excepto en la relación con su fabricante, así es con usted y conmigo.

Anteriormente, hice una distinción entre el liderazgo del espíritu y el espíritu de liderazgo. El *liderazgo del espíritu* es **la capacidad y el potencial inherente del liderazgo que es la naturaleza esencial de los seres humanos.** El *espíritu de liderazgo* **es la determinación mental o las actitudes que acompañan al verdadero liderazgo del espíritu y que permite al adormecido potencial de liderazgo que sea totalmente manifestado y maximizado.** Entender claramente esta diferencia es crucial para descubrir y experimentar su capacidad de liderazgo. En este capítulo, echaremos un vistazo más de cerca al liderazgo del espíritu. En el próximo capítulo, exploraremos el espíritu de liderazgo.

¿QUÉ ES EL LIDERAZGO DEL ESPÍRITU?

En mis conferencias y seminarios de liderazgo, por lo general inicio con una declaración que encierra mi filosofía del liderazgo: **"Atrapado dentro de cada seguidor hay un líder escondido".** Siempre me sorprende ver la reacción en los rostros de la audiencia mientras intentan captar las implicaciones de esta declaración. Usualmente, puedo predecir sus primeros pensamientos, que es con frecuencia la pregunta: "Si cada seguidor es un potencial líder, ¿entonces quién les va a seguir?". Esta reacción es natural y legítima a la luz de nuestros conceptos tradicionales y filosóficos del liderazgo, como han sido promocionados por siglos.

Sin embargo, la declaración anterior contiene la esencia de lo que la filosofía original del liderazgo prometía ser. Es sobre esta premisa que propongo creer que el liderazgo está inherente en el espíritu humano de cada persona, pero solo una fracción minúscula de la población humana conoce, descubre, cree o intenta desarrollar o liberar este escondido potencial de liderazgo.

Esta capacidad de liderazgo está escondida bajo las percepciones sociales, culturales e ideológicas que restringen, desaniman y ocultan esta manifestación. La mayoría de la población de este planeta se rinde al concepto social del liderazgo y se somete a las sombras de los mitos de la filosofía del liderazgo. El resultado es que sus grandes dones y talentos son ahogados, y el mundo nunca está disponible para beneficiarse de ellos. ¡Qué tragedia!

El darme cuenta de esta inhibición de nuestro don de liderazgo, dio a luz al propósito profundo en mi corazón, el cual se ha convertido en la pasión de mi vida, que es ayudar a tanta gente como sea posible, de cada nación, raza, credo o nivel social, a descubrir su verdadero potencial de liderazgo.

EL LIDERAZGO: CAPACIDAD INHERENTE DEL ESPÍRITU HUMANO

Si atrapado dentro de cada seguidor hay un líder escondido, entonces ¿de dónde viene este inherente potencial de liderazgo? Y si existe, ¿por qué tantos no parecen exhibirlo o mostrar alguna evidencia de esta presencia? Estas preguntas apuntan al tema principal de este libro, que es el *liderazgo del espíritu*.

Una definición completa del liderazgo del espíritu podría ser:

> **La capacidad inherente del espíritu humano para dirigir, manejar y dominar, la cual fue puesta en el momento de la creación y se hizo necesaria para el**

propósito y misión para lo cual el hombre
(la humanidad) fue creado.

Para entender este concepto y sus principios subyacentes, es necesario entender los principios inherentes en la naturaleza de la creación. Nuevamente, el liderazgo no es algo por lo que los seres humanos deberían *esforzarse*. Es algo que ya ha sido dado debido a nuestro propósito y designio. El liderazgo del espíritu es la esencia del espíritu humano. El hombre no *tiene* un espíritu; el hombre *es* un espíritu, y ese espíritu es una expresión del Espíritu de Dios. La naturaleza esencial de su Espíritu está en nuestro espíritu debido a la Fuente de dónde venimos. El liderazgo es realmente un descubrimiento de quiénes realmente somos y la aplicación de ese descubrimiento para nuestras vidas. Simplemente digamos que el verdadero liderazgo es el descubrimiento y la manifestación personal.

Reconocer el liderazgo del espíritu es la clave para entendernos a nosotros mismos. En realidad, no nos "convertimos" en propósito, como si el liderazgo fuera una opción entre otras elecciones. Sino que, **cuando nos realicemos, naturalmente *seremos* líderes.** Desearemos maximizar todos nuestros dones y talentos en el cumplimiento de nuestros propósitos en la vida. Sin embargo, para entender este punto crítico, debemos estudiar el origen del liderazgo del espíritu.

EL ORIGEN DEL LIDERAZGO DEL ESPÍRITU

Para ayudarle a entender el principio de la creación del liderazgo del espíritu, empecemos con una ilustración.

En 1976, yo era un estudiante de una universidad renombrada, y uno de mis principales temas de estudio fue las artes. En este curso debíamos producir pinturas, esculturas en piedra, dibujos y obras de arte de cualquier variedad. Me encantaban las esculturas en piedra y madera, y aprendí muchas lecciones de esa experiencia. Sin embargo, una de las lecciones más importantes que aprendí, fue con referencia a los principios del origen, recursos, y su relación con el propósito y potencial. Estas lecciones han cultivado y formado las bases de mi entendimiento y filosofía de la vida.

En dos ocasiones, me dispuse a hacer un proyecto de escultura en madera y piedra, y escogí mi materia prima de piezas desechadas de árbol y piedra. Después de muchas horas de trabajo siguiendo el diseño que había perfeccionado, vino el día cuando finalmente lo terminé y estuve orgulloso de los resultados. Cuando entregué mi proyecto al profesor, obtuve una "A", y fue un buen resultado para completar mis requisitos de graduación. Estaba tan orgulloso de mis esculturas que me las llevé a casa y los coloqué en un lugar muy prominente de mi apartamento.

Sin embargo, un año más tarde, algo sucedió que cambió por siempre la vida de mis esculturas. Decidí limpiar la escultura de madera y encerar la de piedra. Cuando levanté la pieza de madera para mostrar el resultado de mi ardua labor, parte de la madera se quedó en la mesa y la otra parte en mis manos. Mi corazón se desplomó, como la base de la figura que se desbarató ante mis ojos.

Profundamente conmocionado por el giro de este evento, me fui a ver la escultura de piedra, preocupado pensando que le pudo haber pasado lo mismo. Mientras le daba brillo, la piedra se empezó a desbaratar en polvo. Con mucho desánimo y tristeza, tuve que aceptar la realidad de que todo mi trabajo había sido en vano y que el resto de mi obra de arte estaba destinada a desintegrarse. Hoy ambas piezas son solo recuerdos, pero aprecio más la lección que esta experiencia me enseñó.

A continuación, presento la gran sabiduría que obtuve de las esculturas de madera y piedra:

1. La naturaleza del origen de la composición del material determina la naturaleza de la composición del producto hecho o producido de este.
2. Lo que esté en el origen, está en el producto.
3. La fuerza y durabilidad del origen determina la durabilidad del producto creado.
4. La capacidad del producto es tan bueno como el de su origen.
5. Si el origen es poroso o débil, entonces el producto será poroso y débil.
6. El principio clave es que una cosa está hecha de los mismos componentes y elementos de donde proviene.
7. El origen determina el recurso.

PRINCIPIOS DE LA CREACIÓN

Estos conceptos me ayudaron a entender la naturaleza de la vida misma y, como resultado, mi vida cambió. Una revisión detallada del relato de la creación en el primer libro de Moisés, en los pasajes hebreos, revelan que todo en la creación fue creado de una específica materia prima u origen. En el primer capítulo del relato, observamos el proceso y los principios de la creación, cómo el Creador hace los diferentes productos de la naturaleza, tales como las estrellas, la vegetación, los animales, las criaturas marinas y los pájaros. Los preceptos importantes escondidos en estos actos de creatividad pueden ser resumidos en los siguientes principios:

1. El Creador primero estableció el propósito de lo que deseó hacer.

2. El Creador identificó el material de donde cada producto en la creación iba a hacerse.

3. El Creador orientó su discurso creativo al material de donde deseó que el producto fuera hecho.

4. El producto poseía los mismos componentes del origen de donde se derivó, y, por lo tanto, tenía el mismo potencial.

De los siguientes pasajes de la creación, rápidamente miramos que todo lo que está sobre la tierra, de alguna manera provino del suelo y, por lo tanto, consiste de los elementos de la tierra:

Después dijo Dios: Produzca la tierra hierba verde: hierba que dé semilla; árbol de fruto que dé fruto según su género. Y fue así. Produjo pues, la tierra hierba verde, hierba que da semilla según su naturaleza, y árbol que da fruto, cuya semilla está en él, según su género. Y vio Dios que era bueno.[13]

Dijo Dios: Produzcan las aguas seres vivientes, y aves que vuelen sobre la tierra, en la abierta expansión de los cielos.

---

13. Génesis 1:11-12.

Y creó Dios los grandes monstruos marinos, y todo ser viviente que se mueve, que las aguas produjeron según su género, y toda ave alada según su especie. Y vio Dios que era bueno.[14]

Y dijo Dios: Produzca la tierra seres vivientes según su género: ganado y serpientes y animales de la tierra según su especie. Y fue así según. Hizo Dios animales de la tierra según su género, y todo animal que se arrastra sobre la tierra según su especie. Y vio Dios que era bueno.[15]

La vegetación, los pájaros y los animales, en principio, vinieron del suelo. Los peces y otras criaturas marinas fueron creados de las aguas, y las estrellas fueron producidas del firmamento. Todos los maravillosos productos de la creación que tenemos sobre la tierra, provienen de cualquiera que fuere su origen y, de hecho, cuando mueren, vuelven a los componentes de su origen. En el caso de las plantas y los animales, vuelven al polvo de donde vinieron.

¿Por qué este principio es tan importante para entender el liderazgo del espíritu? La respuesta se encuentra en el proceso de Dios para la creación del hombre. Cuando fueron hechos los aspectos anteriores de la naturaleza, el Creador dirigió su discurso creativo para la tierra, el agua y el firmamento. Pero cuando llegó el momento de crear a la especie humana, su enfoque cambió.

14. Genesis 1:20-22.
15. Genesis 1:24-25.

Entonces dijo Dios: "Hagamos al hombre a nuestra imagen, conforme a nuestra semejanza; y señoree ["tener dominio"] en los peces del mar, en las aves de los cielos, en las bestias, en toda la tierra, y en todo animal que se arrastra sobre la tierra".[16]

La más asombrosa distinción aquí es que en su creación de la humanidad, el Creador no le habló a la tierra, agua o firmamento. Él se habló a Sí mismo diciendo: *"Hagamos al hombre a nuestra imagen*, y semejanza, y que señoree [tenga domino o gobierno sobre el resto de la creación]".

Muchos de nosotros perdemos de vista el punto esencial aquí. Los humanos no solo fueron hechos por Dios, sino también conforme a su propia naturaleza. Ser hechos a imagen y semejanza de Dios significa que usted posee la naturaleza espiritual, características, especificaciones esenciales y "cualidades" de Dios, y son un reflejo de sus cualidades espirituales. También denota que usted fue diseñado para ser, actuar y funcionar como el Creador. En esencia, Dios lo creó a usted de su propia cualidad y se lo sacó de su propio Espíritu. Por consiguiente, en lo que respecta a las especies, usted está en la "clase de Dios", en el sentido de que usted es considerado su "hijo" o descendiente.

Sin embargo, aún más importante que este conocimiento es conocer y entender por qué Dios el Creador nos escogió a usted y a mí de esta manera: para reflejar sus maravillosas cualidades. La razón por la cual Dios hizo esto, es la clave para entender la naturaleza del espíritu de liderazgo humano.

---

16. Génesis 1:26.

6

REDESCUBRIR SU PROPÓSITO DE LIDERAZGO

Recuerde que todo lo que hace Dios está motivado por Su propósito y, por lo tanto, el propósito original para un producto determina su diseño, composición, capacidad y potencial. El propósito puede ser definido como "intento original" o "razón para la creación". Por ejemplo, Dios creó las semillas para producir árboles y plantas, y naturalmente poseen las habilidades y capacidades inherentes para ejecutar su propósito. El pez fue creado para nadar, y de esta manera su habilidad y capacidad para nadar es inherente en su diseño e instintos. Nunca necesitan ir a clases de natación.

Por otro lado, los pájaros fueron creados con el propósito de volar y naturalmente nacen con el diseño y habilidad inherente para cumplir ese propósito. Los pájaros nunca van a clases de vuelo. El principio es que, lo que el Creador estableció con el propósito original para su creación, determinó su natural e inherente diseño, su materia prima, capacidad, habilidad, talentos naturales y potencial.

Este principio conlleva la pregunta: "¿Por qué, entonces, el Creador creó a la humanidad?". La respuesta se encuentra en la declaración de Su propósito y deseo original para la humanidad: "Y señoree ["tenga dominio"]… sobre toda la tierra".[17] Nos creó de Él mismo porque su intención era que gobernáramos sobre la tierra. De nuevo, el propósito es la razón para la creación de algo. En esencia, es la razón del por qué una cosa existe.

Espero que ya se haya convencido de que el propósito para su creación es tener gobernabilidad, dominio, señorío, autoridad y liderazgo sobre la tierra y su entorno. Sin embargo, si el propósito del Creador para su existencia es liderazgo, gobernabilidad y manejo sobre el reino terrenal, entonces, tal vez puede ser de ayuda mirar unos cuantos principios del propósito que se relacionan a la creación:

1. El propósito determina el diseño.
2. El propósito determina el potencial.
3. El propósito determina las habilidades naturales.
4. El propósito determina la capacidad y la habilidad.
5. El propósito determina los talentos naturales.
6. El propósito determina los deseos naturales.
7. El propósito determina el cumplimiento y satisfacción personal.
8. El propósito es la fuente de la pasión.
9. El propósito da significado a la existencia.
10. El propósito es la medida del éxito o el fracaso.

---

17. Génesis 1:22.

A través de estos principios, somos nuevamente llevados a este principio vital: **si algo es creado para hacer algo, está diseñado con la habilidad de hacerlo.** Este concepto está en el centro del liderazgo del espíritu. Si fuimos creados para ser líderes, todos debemos poseer la capacidad, el deseo inherente, talentos naturales, potencial y habilidades que corresponden a ser un líder. Usted no le puede pedir a un producto lo que no tiene.

Recuerde lo que Dios requiere de la humanidad. El Creador expresó su intención y misión para los seres humanos cuando dijo lo que teníamos que hacer. Dios no estaba hablando solo al primer hombre, Adán, sino a toda la humanidad, porque dentro de un hombre están las simientes de toda la humanidad. La intención del Creador fue que la criatura humana gobernara y dominara con y para Él. Su intención era compartir su liderazgo y administración de la creación con la humanidad.

Para entender más sobre nosotros mismos en nuestra capacidad como líderes, debemos examinar la naturaleza del Creador, porque fuimos diseñados para reflejar sus atributos y características. El Creador no tiene dominio; Él es la misma esencia del dominio; es lo que Él es. Él no tiene autoridad; Él es la pura naturaleza de la autoridad. Él no tiene amor; Él es amor. Él no tiene gloria; Él es la gloria. Él no posee liderazgo; Él es el liderazgo. De manera similar, el hombre no adquiere dominio; está hecho de material para gobernar. Él no desarrolla poder; está inherente dentro de él. De hecho, el liderazgo no es algo que el hombre puede "poseer". Es parte de quien él es.

El Creador es un hacedor de líderes. Ser diseñados a la imagen y semejanza de Dios significa que fuimos ordenados por

Él para ser líderes. Él no nos produjo y luego decidió que nos desarrollaría en líderes. Fuimos diseñados con eso en mente. Debido a que Él nos creó para ser líderes y para dominar, Él ha usado el "material" de liderazgo y dominio. Este material se origina únicamente en Él, y nos hizo de su propia naturaleza.

DISEÑADO PARA DOMINAR

Cada fabricante diseña su producto con los componentes correctos, diseñado para cumplir la función para la cual ese producto fue creado. En esencia, el propósito del producto dicta los componentes mecánicos e ingeniería requeridos para cumplir el propósito del fabricante. Sus "circuitos" son correctos para el trabajo.

Este principio se mantiene firme en toda la creación, incluyendo a los seres humanos. El Creador provocó el ser inherente en cada entidad creada —incluyendo la culminación de su creación, la humanidad— y todo lo que necesita para cumplir su propósito original. El propósito original para la humanidad, definido y establecido por el Creador fue "señorear" ["tener dominio"]… sobre toda la tierra". Debido a que, en este caso, la palabra "dominio" significa reinar y gobernar, el Creador diseñó a los humanos con la habilidad y capacidad natural para liderar.

Podemos concluir que los seres humanos están diseñados para el liderazgo. La humanidad tiene el circuito natural para dominar su entorno. La mayor evidencia de lo que un producto puede o es capaz de hacer, está determinada por las demandas hechas en él por quien lo hizo. Por lo tanto, **el requisito de Dios para que dominemos es la evidencia de que la habilidad para** liderar está inherente en cada espíritu humano. Este es *el liderazgo del espíritu.*

LÍDERES POR NATURALEZA

Somos líderes por naturaleza. Cada humano tiene el instinto para el liderazgo, aunque la mayoría nunca lo manifestemos. El deseo de liderar y alcanzar grandeza es natural, aunque muchos neguemos que este silencioso y apasionado anhelo exista en cada corazón del humano. El liderazgo es su deseo y destino.

El máximo líder, Jesucristo, sostuvo un interesante encuentro con un pequeño grupo de hombres a quienes había escogido para entrenarlos como líderes. Su escuela de entrenamiento se mantuvo por tres años y su éxito como mentor y entrenador es evidente por el impactante resultado que sus estudiantes han tenido en el mundo y en el desarrollo humano en los últimos dos mil años. Leamos una de las conversaciones que utilizó como una oportunidad para enseñar sobre la definición y preceptos del verdadero liderazgo.

EL SECRETO DEL LIDERAZGO PARA ALCANZAR GRANDEZA

En el Nuevo Testamento, en el libro de Mateo, uno de los estudiantes de Jesús escribió este relato de una petición que fue hecha por dos de sus estudiantes que estaban en la escuela de entrenamiento para el liderazgo. Este lo anotó así:

Entonces se le acercó la madre de los hijos de Zebedeo con sus hijos, postrándose ante él y pidiéndole algo. Él le dijo: ¿Qué quieres? Ella le dijo: Ordena que en tu reino se sienten estos dos hijos míos, el uno a tu derecha, y el otro a tu izquierda. Entonces Jesús respondiendo, dijo: No sabéis lo que pedís. ¿Podéis beber del vaso que yo he de beber, y ser bautizados con el bautismo con que yo soy bautizado? Y ellos le dijeron: Podemos. Él les dijo: a la verdad, de mi vaso beberéis, y con el bautismo con que yo soy bautizado seréis bautizados; pero el sentaros a mi derecha y a mi izquierda, no es mío darlo, sino a aquellos para quienes están preparados por mi Padre. Cuando los diez oyeron esto, se enojaron contra los dos hermanos. Entonces Jesús, llamándolos, dijo: sabéis que los gobernantes de las naciones se señorean de ellas, y los que son grandes ejercen sobre ellas potestad. Mas entre vosotros no será así.... (Mateo 20:20-26)

Luego, Jesús hizo una declaración asombrosa. Por favor, primero nótese que Él no rechazó el deseo de los hermanos de ser grandes y buscar posiciones de liderazgo. De hecho, con la siguiente declaración, fue más allá y les mostró *cómo* obtener grandeza. ¿Por qué no los rechazó? Porque sabía y entendía la naturaleza y la pasión inherente de la criatura humana.

Sino que el que quiera hacerse grande entre vosotros será vuestro servidor, y el que quiera ser el primero entre vosotros será vuestro siervo—como el Hijo del Hombre no vino para ser servido, sino para servir, y para dar su vida en rescate por muchos. (Mateo 20:26-28)

Creo que esta historia contiene el gran secreto del verdadero liderazgo, como también el proceso necesario para convertirse en un líder genuino. Con su respuesta a esta pregunta de la grandeza, Jesús expresó la clave, la naturaleza y el proceso para que usted descubra y manifieste su verdadero liderazgo del espíritu.

¿Qué es lo natural del liderazgo del espíritu? Él dijo que cualquiera que quiera ser grande, debe ser siervo de todos, y el que quiera ser primero, será el último. Por lo tanto, el secreto de la grandeza está en servir a los demás.

Para entender este principio, usted debe responder la pregunta: "¿En qué sirvo a los demás?". Creo que esta es la mayor revelación del verdadero liderazgo que he descubierto, superando todas las teorías e investigaciones del pasado. Lo que Jesús estipula aquí es que, para convertirse en un gran líder, para lo cual usted fue creado y destinado, debe descubrir su inherente don y misión, únicos (su propósito original) y servir con eso al mundo humano. No busque grandeza, sino busque servir con su don a otros a la máxima extensión que pueda, y se convertirá en una persona que todos busquen.

En esencia, Jesús definió que el verdadero liderazgo es convertirse en una persona que es valiosa para otros, en vez de ser una persona de posición o fama. **Si encuentra su don único o talento especial y se compromete a servir con ello al mundo humano, su importancia hará que la gente le busque. Usted se volverá una influencia al ejercer su don, en vez de su manipulación. Mientras más se convierta en una persona cuyo don es valioso, mayor será su influencia.**

Liderazgo quiere decir que usted debe descubrir y servir al mundo. Cuando haga esto eficazmente, las personas le llamarán líder. Todos los verdaderos líderes son simplemente siervos glorificados. El liderazgo genuino no es medido por cuánta gente le sirve a usted, sino a cuánta gente usted sirve. Mientras mayor sea su servicio, más valora a otros y mayor es su liderazgo. Mi amonestación para usted es que no busque grandeza, sino sirva como forma de su liderazgo. **La distancia más corta al liderazgo, es el servicio.**

En su sesión de entrenamiento para el liderazgo, Jesús reveló su actitud de líder y se usó Él mismo como un ejemplo del servicio como forma de liderazgo, diciendo: "El Hijo del Hombre no vino para ser servido, sino para servir, y para dar su vida en rescate por muchos". En otras palabras, Él estaba explicando lo que hace grande a una persona. Era como que estuviera diciendo: "Yo soy un ejemplo. Estúdienme. ¿Cuál es mi don? ¿Qué vine a hacer a este mundo? ¿Cuál es mi propósito? ¿Cuál es mi misión?". Él vino a redimir o sustituir a todos para que puedan beneficiarse de su sacrificio. Por lo tanto, Él estaba diciendo: "¿Ya ves? Así es como te conviertes en grande. Estoy cumpliendo con mi propósito. Yo mismo sirvo al mundo y doy mi vida para el beneficio de otros. Estoy sirviendo como redención para que todos puedan ser libres".

Esencialmente, también nos está diciendo: "Encuentra lo que se supone que debes hacer y sirve a los demás. Entonces serás grande". De nuevo, esto significa que su liderazgo de grandeza no es un título o posición. Una persona se convierte en esclavo o siervo porque existe para las personas a las cuales sirve. Los esclavos existen para sus amos. En un sentido, como líderes, el mundo viene a ser nuestro "amo".

Volvamos a la pregunta: "¿en qué sirvo a los demás?". Para lo que fuera que hemos sido creados, para eso nos creó Dios. Esto nos ayuda a entender que podemos, con frecuencia, decir que nuestro dominio de liderazgo es con lo que naturalmente fuimos diseñados. ¿Cuáles son sus inclinaciones, gustos, pasiones, talentos y habilidades naturales? Estos son parte de su diseño. Estos indican las áreas en donde usted está supuesto a dominar. Esto se convierte en lo que llamamos su dominio. **Encuentre su dominio y sirva con ellos al mundo. Otros han estado esperando por su don, toda la vida. Por lo tanto, lidere a través del servicio.**

LIDERAZGO DE SERVICIO

La discusión anterior reintroduce la filosofía más grande y secreta jamás dada a la humanidad, y emana del concepto original del liderazgo introducido en el primer libro escrito por Moisés: cada persona fue creada para dominar en un área específica de talentos. Este concepto de liderazgo es llamado "liderazgo de servicio" y expresa la filosofía que todos los seres humanos fueron diseñados y nacidos para servir al mundo con sus dones y talentos únicos.

Esta filosofía implica naturalmente que cada humano está en este planeta con una semilla de grandeza enterrada de un don necesario para el mundo. El liderazgo de servicio es la forma máxima del liderazgo y manifiesta la verdadera naturaleza del humano y la imagen de su Creador.

El liderazgo de servicio integra todos los siguientes preceptos, que son:

+ Descubrir el propósito, don y talento personal, y el compromiso para darlos al servicio del humano.

+ Estar preparado para servir al mundo con el don personal en cada oportunidad, para el mejoramiento de la humanidad.

- Darse al mundo.
- "Autodistribución" a su generación.
- La maximización de la manifestación propia.
- La búsqueda de una visión inherente para servir a los demás.

Los resultados naturales del liderazgo de servicio son los siguientes:

- Autenticidad y autoridad
- Originalidad, por no ser una copia de nadie más.
- Confianza genuina, basada en la habilidad natural propia.
- Cumplimiento personal proveniente de la satisfacción.
- Un sentido de valor intrínseco, basado en el conocimiento de la importancia.
- Sin competencia, debido a la singularidad personal.
- Sin comparación, debido a la distinción personal.
- Sin celos, debido al valor personal.
- Sin temor, debido a la convicción personal.

Nuevamente, el liderazgo de servicio es la forma máxima del verdadero liderazgo, y protege al individuo de las trampas que confunden las ansias de poder, inseguridad, "sombras" descalificadas que alardean su liderazgo en muchas de nuestras comunidades. El liderazgo de servicio implica disminuirse usted mismo para aumentar el valor de los demás. Peter Drucker observó que todos los líderes eficaces se habían asegurado de que ellos mismos fueran "el tipo de persona que querían ser, respetar y creer. De esta manera, ellos se fortalecían contra la tentación más grande del líder: hacer cosas que son populares en vez de lo correcto, y hacer cosas insignificantes, malas y laxas".

LA ACTITUD DEL LIDERAZGO DEL ESPÍRITU

Entender nuestro liderazgo natural es esencial, porque la manera en que pensamos de nosotros mismos determina nuestras actitudes y acciones. Cuando usted descubre que el Creador lo hizo de la misma naturaleza que Él tiene, entonces entiende que su deseo de liderar es natural. Sin embargo, *el liderazgo del espíritu*, nuestra inherente capacidad natural, viene con un *espíritu de liderazgo*, es decir una actitud.

Por ejemplo, cuando Dios le dijo a Adán que nombrara a los animales, no se sentó y trató de argumentar sobre esto diciendo: "Hay muchos animales. ¿Cómo puedo nombrar a todas estas especies?". Nunca vaciló. Solamente lo hizo. Tenía la confianza, convicción y autoridad del espíritu de liderazgo. Es importante notar que Dios no le dio a Adán una lista con los nombres de los animales para que los escogiera. En cambio, le permitió a Adán inspirarse en la capacidad que tenía dentro de él, para demostrarle que su habilidad para hacerlo ya existía.

La capacidad de responder a la responsabilidad es inherente en la naturaleza de todos los humanos, pero la mayoría de nosotros evadimos las oportunidades para activar o maximizar esa capacidad. Pienso que el Creador ha diseñado la vida de manera que constantemente demande de nuestro escondido potencial de liderazgo. De nuevo, el principio es este: "Para lo que Dios te llame, Él lo provee".

LA NATURALEZA DEL LIDERAZGO DEL ESPÍRITU: ADMINISTRADOR DE NUESTRO PROPIO ENTORNO

Cuando hablamos de la naturaleza de alguien o algo, eso tiene que ver con lo que es natural para la persona o cosa. Expresa el concepto de "esencia inherente". Toda cosa creada posee una naturaleza interna. Es una parte natural de su existencia. La naturaleza de una cosa está determinada por su propósito o función, y esto dicta su intrínseco instinto, dones y habilidades. ¿Recuerda nuestro ejemplo anterior que la naturaleza de un pájaro es natural para su inherente propósito de volar, y que su diseño, anatomía y habilidades están construidos para reflejar esa naturaleza? De la misma manera, la naturaleza de un pez expresa su inherente propósito.

La naturaleza del liderazgo del espíritu es el inherente deseo de todo humano para controlar y regular el entorno y las circunstancias. A esto le llamamos administración. Este deseo es natural; aunque no sea nuestra experiencia actual, el deseo todavía está presente. ¿Alguna vez ha escuchado que una ocupada ama de casa le diga a otra: "cómo lo haces"? Esta es una frase que muchos utilizamos, pero no nos damos cuenta de lo que estamos diciendo. Cuando un ama de casa le hace esta pregunta a su vecina, realmente está investigando: "¿Cómo estás manejando tus circunstancias?". Esta es una pregunta normal de un líder a otro. Así es que usted es, o tiene en su hogar, un ama de casa que ni siquiera sabe que es una líder, naturalmente queriendo manejar a sus hijos, presupuesto, ambiente de la casa, etc. Ese deseo viene del liderazgo natural dentro de ella.

Aunque las personas ignoren su naturaleza inherente o se les niegue el total ejercicio de esta, el deseo de controlar y manejar el destino propio todavía reside en lo profundo del corazón del espíritu humano. Ese es nuestro deseo natural de liderar.

PRÁCTICA DE LA INFLUENCIA

El influenciar es también naturaleza del liderazgo. Todas las personas naturalmente quieren influenciar el mundo alrededor de ellos. Si pensamos en esto nos damos cuenta de que todos están en el juego de la influencia, ya sea un vendedor tratando de influenciar un cliente prospecto, un niño tratando de influenciar a un padre o un joven tratando de influenciar a una joven. Todos deseamos influenciar porque naturalmente queremos tener el control. Pero hemos confundido la influencia con el dominio.

De acuerdo con el diseño original, no estamos supuestos a dominar a otras personas, sino a dominar sobre la tierra y sus recursos. Cuando no entendemos esta distinción, manipulamos y abusamos a los demás y frustramos la expresión propia del liderazgo natural dado por Dios. Practicar la influencia apropiada significa inspirar a otros a través del don del liderazgo que se nos ha dado. La naturaleza verdadera del liderazgo es la atracción de otros hacia nuestros dones, que son desplegados en el servicio a ellos.

CÓMODO CON EL PODER

Otro aspecto del liderazgo del espíritu es que se siente cómodo con el poder. El poder, en sí mismo, es natural para el espíritu del humano. Una vez más, los problemas surgen cuando distorsionamos nuestros dones naturales. Por ejemplo, cuando una persona no tiene un buen concepto propio, fuerte dignidad y alta estima, usará su poder de manera negativa para compensar sus sentimientos de inferioridad y vulnerabilidad. Intimidará, manipulará y oprimirá.

Cuando usted reconoce esta verdad, le ayuda a entender el por qué muchas personas actúan de la manera que lo hacen. Esta es la razón por la cual los tiranos imponen tiranía. ¿Ha notado que cuando algunas personas tienen posiciones de poder, pareciera que sus personalidades cambian a lo peor? Ellos están probando la naturaleza del liderazgo, pero no tienen el carácter para administrarlo bien. Este es el origen de muchos de los problemas que estamos viendo en el mundo de los negocios contemporáneos, como también en las políticas naturales.

Todos, de manera natural, buscamos el poder. Los desamparados que duermen debajo de un puente en una caja de cartón desean el poder al igual que el hombre que duerme en una casa de doce habitaciones cerca de un lago. Usamos miles de maneras diferentes para tratar de obtener poder, como:

- Posiciones de influencia.
- Dinero.
- Asociación y membresías en grupos influenciables o élite.
- Símbolos materiales de clase social, tales como ropa, casas, carros y aviones.
- Nivel social, como vivir en cierto vecindario o región.
- Logros educativos.
- Tipos de trabajos o carreras.

De nuevo, el deseo por el poder, en sí mismo, no es malo. Es nuestra actitud y uso del poder lo que puede hacer daño. Si no deseamos algún tipo de poder, nuestra inclinación natural ha sido alterada por la opresión, apatía, miedo u otras cosas. Pienso que necesitamos admitir nuestro deseo de poder antes de que nos hagamos amigos de él. Si negamos nuestra inclinación, nos mentimos a nosotros mismos como también a los demás.

Mucha gente desea ser exitosa en su trabajo para poder obtener el beneficio que sus compañías les han prometido, generar más negocios, ganar más dinero, comprar más cosas, alcanzar un nivel de vida mejor, sentirse importantes e influyentes, hacer o comprar lo que quieran. El principal objetivo es el poder; el poder controla su nivel de vida y circunstancias.

Ganar riquezas, en sí, no es algo malo, aunque a mucha gente se le ha enseñado a pensar que sí lo es. El problema es cómo algunas personas hacen para ganarlo y la actitud que ellas tienen debido a ello. De acuerdo con el primer libro escrito por Moisés, Dios le dijo a Abraham, el padre del pueblo judío: "Te bendeciré...y serás bendición".[18] Abraham se convirtió en el hombre más rico de la región. ¿Por qué Dios quería hacerlo rico? Para darle influencia. Abraham se sentía muy cómodo el poder que tenía. No era orgulloso, sino que estaba agradecido por ello y por la responsabilidad que ello conllevaba. Él tenía influencia con otros y acreditó esta influencia a Dios.

Sin embargo, ¿por qué Dios quiere que una persona sea rica? Para darle influencia. Moisés, en su libro de Deuteronomio, declara estas palabras al pueblo de Israel: "Recuerda al SEÑOR tu

---

18. Génesis 12:2.

Dios, quien te da la habilidad de producir riqueza".[19] Es importante notar que las exhortaciones bíblicas concernientes al dinero y la riqueza ("El amor al dinero es la raíz de todos los males"[20]), no advierten contra la posesión del dinero o riqueza, sino en contra de permitir que el dinero y la riqueza nos posean. **Amar el dinero al costo de la dignidad, valor y bienestar de otros es un abuso de nuestro poder para obtener riqueza.**

El deseo para poder controlar las circunstancias es uno de los factores motivacionales más potentes de la conducta humana. De nuevo, cuando Jesús, el joven rabino judío, empezó a entrenar a su equipo de líderes, una de las primeras cosas que hizo fue darles poder, poder para echar fuera demonios, sanar a los enfermos, resucitar a los muertos, etc. Los envió, ellos fueron y empezaron a usar su poder. Cuando ellos regresaron, le dijeron todo lo que habían hecho y empezaron a celebrar. El relato bíblico dice: "En ese hora Jesús se regocijó".[21]

¿Por qué Jesús le da tanto poder a un grupo de hombres que incluía pescadores, un colector de impuestos y un zelote? Él les dio poder para que pudieran probar lo que se sentía poner en uso su inherente liderazgo natural de manera positiva, y volvieron contentos por ello. Luego, Él se alegró por la emoción de ellos, porque vio a la humanidad ejerciendo poder en la manera que el Creador se los prometió al inicio. El humano estaba en control de sus circunstancias. Imagínese a un pescador teniendo poder sobre la muerte, sanando leprosos, abriendo los ojos de los ciegos y destapando los oídos sordos.

---

19. Deuteronomio 8:18.
20. 1 Timoteo 6:10.
21. Lucas 10:21.

Creo que esta experiencia inicial es una de las razones del por qué los discípulos dejaron sus labores y trabajos, y nunca volvieron a ello. Ellos siguieron a Jesús porque cuando estaban con Él, probaron su propia personalidad. Él les presentó a ellos mismos. Él les reconectó con quienes realmente eran. Él descubrió su inherente liderazgo natural y potencial. Si usted estudia las lecciones que Él enseñó, todas se relacionan a este tema. Él caminó sobre las aguas y dijo: "Puedes hacerlo; ven".[22] Sanó al enfermo y luego dijo: "Vayan, háganlo".[23] Les estaba enseñando cómo tener dominio sobre su entorno, cómo tener poder sobre las circunstancias por medio del poder de Dios.

Cuando alguien viene a nosotros y dice que quiere hacer algo grande y notable, normalmente pensamos que es excesivamente ambicioso y orgulloso. En realidad, está ejerciendo su naturaleza real. Pero, ¿qué hacemos? Lo intimidamos para tratar de desanimarlo. Inclusive algunas veces usamos la religión como una justificación para decirles a los demás que no busquen la grandeza. Hemos sido enseñados que este deseo es malo, pero quiero que realmente comprenda que el deseo humano por la grandeza es natural e inherente.

LOS ATRIBUTOS DEL LIDERAZGO DEL ESPÍRITU

Cuando hablamos sobre los atributos de liderazgo, nos referimos a la manifestación de cualidades que reflejan el origen y la naturaleza de nuestro Creador. De acuerdo con la Real Academia Española, la palabra *atributo* viene de una palabra latina que significa "otorgar". El Creador nos ha otorgado los atributos de un

---

22. Ver Mateo 14:28-29.
23. Ver Marcos 6:7-13.

liderazgo del espíritu. Otras definiciones de *atributo* son: "una característica inherente", "un objeto muy cercano asociado con o perteneciente a una persona específica, cosa u oficio", y, "una palabra que atribuye una cualidad".

Una vez más, debido a que Dios es nuestro Creador y el "material" de donde fuimos creados, para poder entender nuestros atributos de liderazgo, es de suma importancia que exploremos, estudiemos y lleguemos a entender la naturaleza de sus atributos. En esencia, si usted quiere conocerse y entenderse a sí mismo, su naturaleza y habilidades, es necesario que conozca a Dios, quien es su Fuente.

OMNIPOTENCIA

El primer atributo de Dios es que Él es omnipotente o todopoderoso. ¿Cómo aplicamos este atributo a nosotros mismos? Omnipotencia significa "inherente poder total". Esto también puede ser descrito como un sentido de habilidad segura en la búsqueda y cumplimiento del propósito y voluntad personal. Debido a que fuimos hechos a la imagen y semejanza del Creador, y en parte poseemos la misma habilidad, eso significa que inherentemente tenemos el poder que nos permite cumplir con lo que fuimos creados para hacer.

Además, el poder puede ser definido como el uso apropiado de energía. La aplicación para nosotros es esta: Dios no usa energía de manera negativa. Su poder es creativo. Un verdadero líder que ha descubierto su naturaleza esencial, utiliza el poder para crear cosas, hacer mejores cosas para las personas, de la misma manera que Dios lo hace. El Creador usa Su poder para producir lo que es bueno, y, nosotros fuimos creados para hacer lo mismo.

OMNISCIENCIA

El Creador también es omnisciente o conocedor de todo. Debido a que tenemos su naturaleza, tenemos la facilidad de entender y retener conocimiento. Creo que somos capaces de aprender tanto como queramos. En este sentido, nuestra habilidad de aprender es infinita. Es más, nunca seremos lo suficientemente viejos para aprender. Tenemos la capacidad de conocer más de lo que creemos.

Esto significa que lo que usted haya aprendido hasta hoy, no es suficiente. Nuestra habilidad de saber y conocer es inherente, y la limitación percibida de esta habilidad está basada en nuestra conclusión de que hemos aprendido todo lo que podemos o queremos conocer. Pero, esto no es todo de lo que somos capaces de conocer. Tenemos un gran camino que recorrer para igualar nuestro potencial para recibir conocimiento.

OMNIPRESENCIA

El tercer atributo de Dios es que Él es omnipresente. Esto significa que está en todo lugar y que no hay lugar en el cielo, universo o en la tierra que lo atemorice o intimide. Aquí es cómo aplico este atributo a nuestro liderazgo del espíritu. Cuando usted lee sobre la vida de Jesús, siente que Él podía estar en todo lugar y sentirse cómodo. Él estaba igualmente tranquilo en la presencia de altos oficiales, con el pobre, su familia, sus discípulos y cualquier otro que encontrara. Un verdadero líder tiene la capacidad para adaptarse y funcionar eficazmente entre cualquier grupo de personas.

Además, usted puede poner a un líder nato en cualquier lugar sobre la tierra y en cuestión de momentos él estará en control de su entorno. Su ambiente no lo controla a él; él controla a su ambiente. Debido a que somos hechos a la imagen de nuestro Creador, tenemos la habilidad de dominar nuestros entornos. Podemos controlar y gobernarlos, en vez de convertirnos en víctimas de ellos. Pero primero tenemos que descubrir que tenemos esta habilidad debido a la Fuente de donde provenimos.

INTEGRIDAD

El cuarto atributo de Dios es su absoluta integridad. Esto significa que siempre es puro en sus motivos e intenciones. En esencia, Dios es siempre y completamente íntegro consigo mismo. Su intención, palabras y acciones son una sola. Este también es el concepto de ser santo. Quiere decir que lo que dice, lo que hace y quien es, son uno y lo mismo. En Dios no hay contradicciones. Los verdaderos líderes son honestos. No hay manipulación o decepción en sus tratos con los demás o en la búsqueda de sus visiones. Los verdaderos líderes poseen candor y sentido común. Primero son sinceros con ellos mismos y luego con los demás.

7

EL ESPÍRITU DE LIDERAZGO

Es un espíritu que se siente cómodo en compañía del Creador. Cuando entendemos que el hombre fue creado a la imagen, semejanza y naturaleza de Dios y poseemos su esencia y características, entonces debería ser obvio que para que el hombre se entienda a sí mismo y a su verdadero potencial, habilidades y naturaleza, debe reconectarse a su Fuente, el Creador. El liderazgo del espíritu es la esencia del espíritu humano, que puede comprender su identidad solo por medio de la relación con su Fuente. Esta relación debería ser natural y de mutua realización. Dios y el hombre se pertenecen, y, por lo tanto, la presencia de Dios es el ambiente natural e ideal para el hombre.

Los verdaderos líderes nacen en la presencia de su Creador porque es ahí donde descubren la verdad sobre ellos mismos. Al igual que la vida escondida dentro de una semilla germina cuando es colocada en el ambiente correcto de la tierra, así es el verdadero potencial de la humanidad que germina cuando está en la presencia de Dios. Para descubrir la verdad acerca de su habilidad y destino, usted debe redescubrir el valor de una relación con su Fuente.

Los verdaderos líderes respetan y honran la autoridad, y están cómodos en su presencia.

EL ESPÍRITU DE LIDERAZGO ES UNA CONFIANZA QUE NO ES DE ESTE MUNDO

La restauración del liderazgo del espíritu también trae un nivel de confianza que no es común y que, a los ojos de muchos, pareciera venir de otro mundo. Su pensamiento y percepción provienen de un plano superior. Cuando una persona redescubre el liderazgo del espíritu, su confianza emerge de un conocimiento de quién y qué es él, y de la conciencia de sus capacidades y habilidades verdaderas. Esta confianza natural, basada en una convicción del descubrimiento y conciencia propia, es tan cierta que algunas veces la persona insegura se equivoca al catalogarla como arrogancia.

EL ESPÍRITU DE LIDERAZGO DEMUESTRA FIRMEZA Y SEGURIDAD INTERNA

Cuando redescubre el liderazgo del espíritu, usted ama y se siente cómodo con usted mismo porque toma conciencia de que su valor, autoestima y concepto son el resultado del hecho de que usted fue creado a la imagen de Dios y posee sus cualidades y características. De pronto, usted no está tratando de compensar un sentido de insuficiencia o inferioridad, y no está tratando de usar o abusar a las personas para sentirse superior.

La autoestima derivada del descubrimiento propio le hace libre de las valoraciones de los demás. Cuando la opinión de su valor y mérito personal es encontrada en la realización de que usted está en la "clase de Dios", en el sentido de que usted ha sido creado a la imagen y semejanza de Dios (aunque no *igual* a Él), el resultado es una alta autoestima. Esta alta autoestima le libera de los efectos negativos de las opiniones de otras personas. Esa es la razón por la que usted puede auxiliarles como un líder siervo. Aunque ellos lo maltraten, eso no afecta el aprecio que usted les tiene a ellos.

Debido a que un verdadero liderazgo del espíritu es revestido de un firme sentido de valor y autoestima, los líderes pueden ser compasivos, pacientes, perdonadores y bondadosos. No necesitan ganar su autovaloración de la gente a quienes ellos les sirven. Ellos entienden que usted no puede liderar a las personas hasta que usted mismo se libere de ellos. Si necesita a las personas a las que guía para sentirse importante, entonces usted no puede liderarlos. Al final, ellos terminarán liderándolo a usted.

Es por esto que descubrir el liderazgo del espíritu es un prerrequisito para servir. Si nunca descubre quién es usted, siempre interpretará mal las actitudes y las acciones de los demás. También subestimará a todos los demás; usted los considerará menos de lo que realmente son porque querrá sentir que usted está por sobre ellos. Usted los "desestimará". Sin embargo, tratará bien a las personas y las estimará grandemente cuando descubra el liderazgo del espíritu y se sienta seguro de sí mismo.

EL LIDERAZGO DEL ESPÍRITU POSEE UN AMOR NATURAL POR TODOS LOS SERES HUMANOS

El autodescubrimiento es el centro del liderazgo del espíritu. Es nacido del redescubrimiento de su naturaleza, potencial, capacidad, carácter y habilidades verdaderas al redescubrir su Fuente, que es Dios. **Esto naturalmente le conducirá a la revelación de que todos los humanos son creados a la imagen y semejanza de Dios, y, por lo tanto, poseen el mismo valor, mérito y estimación que usted.**

Si cada individuo lleva la misma imagen de Dios que usted, resulta imposible separar su imagen del hombre. No es posible decir que usted ama a Dios, pero odia a la humanidad, porque esto se convierte en una contradicción. Usted tendrá un amor natural para los demás porque percibirá que usted y ellos son esencialmente lo mismo. Debido a que ellos están hechos a la imagen y semejanza de Dios, al igual que usted, cualquier acercamiento negativo o acto en contra de ellos, es un acto en contra de usted mismo y también del Creador. Un verdadero líder que está reconectado con el liderazgo del espíritu entiende que servir al humano es servir a Dios mismo, y de esa manera sirve a sus compañeros con una motivación de amor y respeto.

Vemos este principio en las siguientes expresiones dichas por Jesús:

Quien no tiene amor no conoce a Dios, porque Dios es amor.

Si alguno dice: "Yo amo a Dios" y aborrece a su hermano, es mentiroso. Pues el que no ama a su hermano a quien ha visto, ¿cómo puede amar a Dios a quien no ha visto? Y nosotros tenemos este mandamiento de él: El que ama a Dios, ame también a su hermano.[24]

---

24. 1 Juan 4:20.

Jesús le dijo: Amarás al Señor tu Dios con todo tu corazón,
y con toda tu alma, y con toda tu mente. Este es el primero
y grande mandamiento. Y el segundo es semejante: Amarás
a tu prójimo como a ti mismo.[25]

Los textos anteriores indican claramente que el amor por el humano es una prioridad y es evidencia de que usted ama a Dios, el Creador de la humanidad. Quizá este sea el ingrediente más importante que falta en el liderazgo de hoy. El enfoque está en los resultados y el desempeño más que en los valores, tales como el amor, el cariño, la compasión y la bondad. Necesitamos líderes que amen a sus seguidores más de lo que aman sus metas y objetivos. Debemos entender y capturar este espíritu de liderazgo para manifestar completamente el potencial de liderazgo escondido dentro de cada uno de nosotros.

El verdadero liderazgo no es un método,
una técnica o una ciencia, sino una actitud.

Ahora entendemos que el liderazgo del espíritu se refiere al espíritu inherente de la humanidad que posee las cualidades y características naturales del Creador. Todo ser humano posee este espíritu, pero muy pocos descubren esta verdad, y todavía muy pocos son conscientes de que puede ser manifestado.

Tener el *liderazgo del espíritu* quiere decir que usted fue naturalmente creado para liderar. Sin embargo, el *espíritu de liderazgo* es esencialmente diferente, en lo que se refiere a las actitudes, mentalidad y determinación mental, necesarios para que el

---

25. Mateo 22: 37-39.

liderazgo del espíritu sea manifestado. Sin el espíritu de liderazgo, el liderazgo del espíritu se mantendrá dormido.

Tener el espíritu de liderazgo significa que usted conoce y demuestra la determinación de la mente de un líder. Aunque usted sea naturalmente un líder, hay algunas cosas que necesita descubrir y desarrollar para operar como líder. **Usted debe escoger el cumplir con su naturaleza de liderazgo.** Tener el liderazgo del espíritu sin el espíritu de liderazgo es como tener un vehículo potente sin el conocimiento o habilidad para conducirlo. Es como una semilla que nunca se convierte en árbol, lo cual fue destinado a ser.

Permítame enfatizar nuevamente que nadie puede "enseñarle" a ser un líder. Por ejemplo, usted no puede entrenar a una naranja para que sea naranja. Naturalmente es una naranja. Asimismo, es instintivo para un pez el nadar. Usted no puede enseñarle a mover sus aletas o cola; hace esas cosas naturalmente.

En algún momento, una mamá pájaro sacará del nido a su cría, como diciendo: "Necesitas hacer lo que naturalmente debes hacer", y, ellos empezarán a volar o a arriesgarse a caer fuera del nido. Lo mismo es cierto en el sentido de que usted es naturalmente un líder. Usted puede "volar" cuando descubra para qué nació. **Manifestar el espíritu de liderazgo es una manera de descubrir y nutrir su verdadera personalidad para que naturalmente manifieste su naturaleza de liderazgo.**

Algunas veces pensamos: "Si alguien me dice que soy líder, entonces, bien, soy un líder". No, usted no *es* un líder. El primer asunto es que usted descubrirá esta verdad por sí mismo. El segundo asunto es que usted manifestará lo que realmente es.

El propósito de este libro es darle dos cosas: la información para descubrir su naturaleza de liderazgo y la revelación de lo que significa desarrollar y vivir su potencial de liderazgo. Deseo ayudarle a capturar el espíritu de liderazgo para encender el liderazgo del espíritu que sé que tiene dentro de usted.

El león que vivía en la finca siempre fue un león, pero debido a que creció en un ambiente que no era natural para él, pensó que era una oveja. Nuestro entorno (por ejemplo: nuestra educación, entrenamiento social, culturas, países o familias) ha estado definiéndonos y dándonos los parámetros de lo que podemos o no podemos ser. La única manera para encontrar esta información no natural es descubrir nuestra verdadera personalidad, viendo una imagen de nuestro liderazgo natural para que podamos saber quiénes somos realmente. Una vez que el joven león vio al león viejo, conoció lo que estaba supuesto a ser. Mi meta en este libro es darle una imagen de su verdadera personalidad para que pueda iniciar el camino para cumplirlo.

DEFINIR EL ESPÍRITU DE LIDERAZGO

No hay nada en el mundo más poderoso que un pensamiento o idea. Somos lo que pensamos y nos convertimos en lo que continuamos pensando. **Usted no puede elevarse sobre el nivel de su condición mental. Para cambiar su vida, usted debe cambiar su mente.**

El espíritu de liderazgo es un derivado del liderazgo del espíritu. Es el estado de la mente o actitud que emana de la naturaleza de un líder. Miremos al espíritu de liderazgo desde varias definiciones y percepciones que nos ayudarán a comprender este vital concepto. El espíritu de liderazgo:

+ Es una determinación mental.

+ Dicta nuestra motivación.

+ Es revelado en respuesta a nuestro entorno.

+ Es una percepción de nosotros mismos y del mundo.

+ Son las convicciones que regulan los pensamientos acerca de nosotros mismos y del mundo.

+ Es una filosofía de la vida personal y privada.

+ Es el pensamiento sobre nosotros mismos y del ambiente.

+ Es nuestro sistema de creencias, las cuales controlan la conducta.

+ Es el medio de las acciones que determina la respuesta del entorno. Su actitud determina cómo otras personas lo tratan y cómo el mundo le responde.

+ Es como usted interpreta al mundo.

+ Es su acondicionamiento mental.

LA FUENTE DE NUESTROS PENSAMIENTOS

Como lo dije anteriormente, no hay nada más poderoso que un pensamiento o idea, y no hay nada más importante que la *fuente* de nuestros pensamientos. Nuestros pensamientos son producto de lo que hemos escuchado o aprendido. De donde derivamos nuestros pensamientos determina el tipo de pensamientos que concebimos y en quien, eventualmente, nos convertimos. Si "porque cuál es su pensamiento en su corazón, tal es él", entonces el origen de donde el hombre obtiene los pensamientos es más crítico.

Por lo tanto, al acercarnos a este delicado tema del espíritu de liderazgo, que es esencialmente el pensamiento vivo del individuo, debemos ser muy cuidadosos al considerar el proceso por donde los pensamientos se transfieren a nuestras vidas. El proceso involucra lo siguiente:

1. Un origen transmite sus ideas por medio de palabras o imágenes.

2. Las palabras escuchadas o las imágenes vistas transmiten pensamientos e ideas a nuestras mentes.

3. Los pensamientos concebidos se convierten en ideas.

4. Las ideas concebidas se convierten en ideologías.

5. Las ideologías concebidas se convierten en creencias.

6. Las creencias concebidas se convierten en convicciones.

7. Las convicciones concebidas se convierten en filosofías.

8. Las filosofías concebidas se convierten en estilos de vida.

9. Los estilos de vida determinan nuestros destinos.

Un estudio cuidadoso del proceso anterior revela que el componente más importante es la fuente de nuestros pensamientos. Como resultado, nuestra determinación mental, actitudes, creencias y convicciones están, generalmente, determinadas por las ideas de alguien más. Es notable que usted y yo podamos vivir lo que otras personas piensan. Por lo tanto, la clave para vivir eficazmente es recibir nuestros pensamientos del origen correcto.

Cuando su filosofía, creencias, pensamientos y convicciones están basados en la manera en que fue creado para pensar, naturalmente gobernará sobre su entorno y cumplirá su propósito en la vida. Cuando estos están basados en pensamientos y actitudes equivocadas, se sentirá frustrado y atrapado por sus circunstancias. Desafortunadamente, este es el caso de muchos de nosotros. Por eso es que con frecuencia digo que hay un líder atrapado en cada seguidor.

De nuevo, el espíritu de liderazgo se refiere a la determinación mental o la actitud del líder. La mayoría de las aproximadamente ocho mil millones de personas en la tierra nunca descubrirán o manifestarán el liderazgo del espíritu escondido dentro de ellas, porque no poseen las actitudes correctas y la determinación mental que necesitan para ser liberadas y elevarse a su más alto potencial provisto por el Creador. Su pensamiento es importante, ya que controla cómo usted maneja los asuntos. Si usted realmente entiende lo que significa el ser hecho a la imagen y semejanza de nuestro Creador, tendrá ciertas actitudes para con usted mismo, las cuales le permitirán realizar su potencial de liderazgo.

Miremos cómo nuestro pensamiento influye en lo que creemos ser, y lo que creemos que podemos hacer. Vamos a basarnos en varios de los conceptos que hemos visto en los capítulos anteriores.

LA CREACIÓN Y EL AUTOCONCEPTO

La primera cosa a considerar, con referencia a la fuente de nuestros pensamientos, es la relación entre la creación y el autoconcepto. Sus actitudes son, mayormente, el resultado de su concepto propio, es decir la imagen que tiene de usted mismo. ¿Cuál es su idea sobre quién es y qué es usted? Su respuesta a esta pregunta es crucial porque su autopercepción influye, ya sea que vaya a realizar o no su inherente potencial de liderazgo.

El Creador lo diseñó a usted a Su imagen y semejanza; por lo tanto, Él quiere que tenga un autoconcepto que vaya de acuerdo con quien Él es. Esa es la imagen que se pretende tenga de usted mismo. Las familias pasan ciertos genes y rasgos de una generación a otra. De la misma manera, nuestro Padre Dios pasó Su naturaleza a nosotros y esa "semejanza en la familia" lleva la importancia de ser un recordatorio de dónde venimos, a quién pertenecemos y qué estamos destinados a ser.

Recuerde que la *primera* cosa que el Creador le dio a su creación no fue el dominio, sino su naturaleza. **Nuestro concepto e imagen propia son la primera realidad que debe ser establecida en nuestras mentes y corazones, antes de que podamos cumplir eficazmente con nuestro propósito y convertirnos en los líderes para lo que fuimos creados.** Si una persona tiene poder, pero no posee un perfecto concepto e imagen propia, entonces él o ella, va a relacionar a los demás desde esa perspectiva equivocada. Esta inseguridad se manifestará en temor, suspicacia, desconfianza y odio contra nosotros mismos y los demás.

Una imagen propia o concepto pobre siempre resultará en poco valor de la humanidad, y esto dará origen al abuso, la corrupción, la opresión y la necesidad de dominar y controlar a los demás. Una vez más, es por eso que es muy importante notar y entender que la primera cosa que Dios le dio a la humanidad en el proceso de la creación, no fue el poder, autoridad o dominio. La primera cosa colocada en la creación del humano fue una *imagen*, la imagen de Dios.

Así es que Dios no les dio primero el poder a los seres humanos. Él les dio imagen propia. Si usted se ama en el sentido real, siempre usará su poder para ayudar a otras personas, en vez de maltratarlos. De la manera en que usted se ve, es la misma manera en que verá a todos los demás que se relacionan con usted. Usted verá a todos los hombres a través de su propia imagen. La base del liderazgo es una perfecta autoimagen.

LA CREACIÓN Y LA AUTOVALORACIÓN

En mayor grado, sus pensamientos y sentimientos sobre usted mismo están determinados por su autovaloración. Su autovaloración es el valor que usted se da. ¿Cuánto cree que vale usted? De nuevo, para encontrar la respuesta correcta, tiene que volver al inicio. El Creador lo hizo a su imagen y semejanza y, por lo tanto, lo que usted vale es un reflejo de su valor. Además, los líderes valoran a los demás de la misma manera que ellos se valoran.

La mayoría de las personas en el mundo no tienen autovaloración, sino el "valor que les dan los demás". O sea, la aceptación del valor de los demás sobre usted. Nunca será el líder para lo que fue creado, hasta que se libere de la valoración que las otras personas tienen de usted y de la percepción de su valor. Mucha gente desperdicia su vida tratando de mitigar, satisfacer y cumplir con los valores que los demás tienen de ellos. Es por eso que nunca son verdaderos líderes.

Lo opuesto al ego es la filantropía, es decir, el amor al género humano. La esencia del liderazgo es que usted valore a *otras* personas. Es decir, darles algo valioso con que contribuir e involucrarse. **El verdadero liderazgo les da a las personas una causa,** una razón para vivir y un sentido de importancia que les da significado a sus vidas para que se sientan necesarios y útiles. Les da una salida para expresar sus propios dones. Usted no puede dar importancia si todavía no la tiene. Usted no puede guiar a la gente adonde usted no haya ido antes.

EL IMPACTO DE LA ACTITUD INTRAPERSONAL EN LA ACTITUD INTERPERSONAL

Con frecuencia, lo que usted crea en usted mismo, creerá de las otras personas. Por lo tanto, una relación intrapersonal es un prerrequisito para las relaciones interpersonales efectivas. La actitud de usted hacia mí es reflejo de su actitud hacia usted mismo. Esto quiere decir que si no tomamos actitudes correctas hacia nosotros mismos, vamos a tener actitudes equivocadas cuando interactuemos con los demás. Es de suma importancia que los líderes posean un amor sano y saludable de sí mismos, para así poder dirigir a otros eficazmente.

LA CREACIÓN Y LA AUTOESTIMA

Mientras la autovaloración pregunta: "¿Cuánto valor creo tener?", la autoestima pregunta: "¿Qué significa esto para mi entorno?". La autoestima es la estimación del valor que usted tiene del mundo. Es cómo usted se aprecia en términos de su contribución y utilidad para los demás. Por lo tanto, la autoestima es su sentido de importancia para con el mundo y el universo.

Mucha gente sufre de muy baja autoestima. He encontrado que las mujeres son más vulnerables que los hombres porque ellas son más emocionales por diseño. Tienen un don natural y valioso de empatía que puede explotar en su propia cara si no saben para lo que fueron creadas. Muchas mujeres les permiten a los hombres controlarlas porque están buscando su estima en las relaciones con los varones, en vez de en su relación con su Creador. Este es un problema serio para muchas mujeres, lo cual les impide la expresión de su liderazgo natural.

De nuevo, la autoestima es su conciencia del valor de su entorno. Después de que Dios les dio a los seres humanos sus conceptos y valores propios, su siguiente instrucción fue tener dominio sobre la tierra porque quería que ellos entendieran cuán importantes eran para todo el ambiente. Él los estimó altamente para hacerlos cogobernantes sobre la creación.

El Creador les estaba enseñando que los hizo más importantes que a las plantas, animales, pájaros y peces. Una creencia popular de hoy es que los seres humanos evolucionaron del reino animal, pero Dios no solo nos distinguió de los animales dándonos su propia naturaleza, sino también colocándonos con autoridad sobre ellos. Nuestra autoestima debería ser igual a la estima con la cual el Creador aprecia. Él nos estimó tanto que nos dio la habilidad de gobernar sobre la creación, haciéndonos colíderes y cogobernantes con Él sobre la tierra.

Nuestra disposición hacia nosotros mismos y hacia el mundo viene de nuestra autoestima. Nuestra autoestima, en cambio, viene de la conciencia de nuestros valores para nuestro mundo. Es aquí donde obtenemos nuestro sentido de importancia y contribución en la vida. Ahora que comprendo que fui creado para ser un líder, me estimo muy necesario para el mundo. Usted necesita hacer lo mismo porque su relación vendrá de esa conciencia. Usted debe llegar al punto en donde esté convencido y confirmado de que usted y su don son necesarios. Los verdaderos líderes creen que son necesarios para su generación y el mundo.

LA CREACIÓN Y LA AUTOCONCIENCIA

El mayor descubrimiento en la experiencia humana es el autodescubrimiento. Su actitud de liderazgo se aviva cuando usted está consciente de su naturaleza real. Sócrates, el gran filósofo griego, hizo del "Conócete" el principio guía para su vida y esta idea fue perpetuada por su discípulo Platón. Sin embargo, "Conócete" es una idea inconclusa porque todo lo que ellos conocían era que había algo que aprender sobre sí mismos. Ellos no entendían o explicaban totalmente cómo hacer esto. La única manera de conocerse a sí mismo es saber de dónde se originó, porque usted es igual al Origen de donde provino. Por eso es que la mejor manera de descubrirse y entenderse a sí mismo es descubrir y estudiar la naturaleza y los atributos de Dios.

Necesitar conocer a Dios no tiene que ver con la "religión" o algunas cosas que la gente hace en nombre de la religión. Más bien tiene que ver con ser presentado a su verdadero yo. Solo su Origen le puede dar un conocimiento de quién es usted, porque tiene la misma naturaleza y esencia que Él tiene. Conocer a Dios le lleva al mayor conocimiento de la humanidad sobre sí mismo.

Cuando una persona conoce a su Creador, y finalmente se conoce a sí mismo, entonces ha nacido su liderazgo. Cuando él hace su descubrimiento, sus actitudes son ajustadas. Sus creencias sobre sí mismo, del humano, y su función en el mundo, son transformadas radicalmente.

DESCUBRIENDO EL CORAZÓN DEL LIDERAZGO

Toda su vida está controlada y determinada por su corazón, ya sea que en su corazón se dicte su experiencia en la vida. Cuando menciono el corazón, asumo que la mayoría de las personas inmediatamente piensan en el órgano físico que palpita en su pecho. Pero esto no es lo que la palabra significa en el contexto del liderazgo.

La Biblia nos provee de muchas verdades sobre el corazón. Cuando usa esta palabra, usualmente se refiere a nuestro subconsciente mental y sus contenidos. El históricamente renombrado psiquiatra Sigmund Freud, en su intento de describir y definir este concepto del corazón, se refirió a la "psiquis". ¿Pero cuál es el corazón?

Desde los tiempos medievales, el corazón ha sufrido una metamorfosis desde el centro de nuestro ser. El Dr. David Allen, un líder en psicología, en su libro *Contemplation* (*Contemplación*),[26] dice así: "Es el centro de toma de decisiones donde todas nuestras elecciones —buenas y malas— son decididas... El corazón es consciente e inconsciente... [Este] también es un lugar para entender y razonar". De acuerdo a Blaise Pascal, "el corazón tiene razones que la mente no conoce... El corazón es la base psicológica más profunda de nuestra personalidad".

El corazón es el fondo de nuestro razonamiento, el almacén de todos nuestros pensamientos, el semillero de nuestras ideas y el centro de nuestra toma de decisiones. Es el "disco duro" de nuestra mente consciente. Nuestros corazones o subconscientes

26. David Allen, Curtain Call Productions, 2004, ISBN: 978-0975330609.

mentales son los que nos motivan en nuestras actitudes y acciones, aunque no seamos conscientes de lo que nos está influenciando.

Jesús, el máximo líder de los líderes, prestó mucha atención a este aspecto del proceso de desarrollo y entrenamiento del humano. Enfatizó las siguientes declaraciones a sus estudiantes de liderazgo:

> *Porque de la abundancia del corazón habla la boca. El hombre bueno, del buen tesoro de su corazón saca lo bueno; y el hombre malo, del mal tesoro de su corazón saca lo malo.*[27]

> *Pero lo que sale de la boca, del corazón sale; y esto contamina al hombre. Porque del corazón salen los malos pensamientos, los homicidios, los adulterios, las fornicaciones, los hurtos, los falsos testimonios, las blasfemias. Estas cosas son las que contaminan al hombre; pero el comer con las manos sin lavar no contamina al hombre.*[28]

> *El hombre bueno, del buen tesoro de su corazón saca lo bueno; y el hombre malo, del mal tesoro de su corazón saca lo malo; porque la abundancia del corazón habla la boca.*[29]

En estas simples declaraciones, el principio del corazón y su poder para controlar toda la vida, es evidente. De acuerdo con Jesús, todas nuestras acciones son motivadas por el contenido de nuestros corazones o por lo que esté almacenado en nuestro subconsciente mental. ¿Ha notado que las verdaderas actitudes

---

27. Mateo 12:34-35.
28. Mateo 15:18-20.
29. Lucas 6:45.

y creencias de las personas, con frecuencia son manifestadas cuando están bajo presión? Están revelando lo que hay en sus corazones.

Las creencias y las convicciones de un líder regulan la naturaleza de su liderazgo. Usted realmente no cree algo hasta que entra en su subconciencia. La mayoría de nosotros no podemos romper ciertos hábitos porque no tenemos los pensamientos y las actitudes correctas que nos permitirán cambiar. Sus convicciones determinan lo que está almacenado en su corazón, y su corazón es el contenedor de sus actitudes. Es el banco de donde retira lo que determina la manera de vivir su vida.

IDENTIFICANDO EL CORAZÓN

Su corazón es la cámara que guarda sus convicciones sobre todos los aspectos de la vida. Sus convicciones son las creencias, y sus creencias generalmente se originan de lo que escucha y cree ser cierto. El corazón es donde está almacenado todo lo que ha aprendido y repetidamente escuchado durante su vida. También es donde toda su cultura está asimilada dentro de su psiquis. Es la posición de ventaja desde donde mira al mundo. Su corazón es el fondo de sus creencias. Es el centro de su filosofía, es contenedor de las ideas que ha aceptado por ciertas.

Debido a que, por la mayor parte, el corazón almacena lo que usted realmente cree, y sus actitudes y acciones están basadas en esas creencias, el corazón o el subconsciente es el componente más peligroso en nuestra relación para la vida. Esta es la razón por la que su creencia es esencial, vital, crítica para su vida. Es mejor que sus creencias sean correctas porque vive de su corazón; mira a través de su corazón; interpreta a través de su corazón; juzga a través de su corazón. Desarrollar el espíritu de liderazgo significa corregir lo que haya escuchado, porque la mayoría de cosas que anteriormente haya escuchado y aceptado como correctas, han influenciado negativamente a la imagen de usted mismo, sus creencias sobre su valor y cómo haya vivido su vida.

¿Por qué cree lo que cree acerca de usted? Como ya lo mencioné anteriormente, el corazón o subconsciente es como el disco duro de una computadora. Es el disco en donde descargó el programa de sus experiencias y la información que ha recibido y aceptado, como también su evaluación sobre ellos. Almacena todas sus ideas, creencias, convicciones, filosofía, experiencias, memorias, lamentos, heridas y pensamientos secretos. Lo que grabe en el disco duro es lo que saldrá cuando presione la tecla adecuada.

Para ponerlo de otra forma, usted obtiene lo que introdujo. Si queremos exhibir el espíritu de liderazgo, es importante que nosotros recibamos la información correcta sobre lo que significa ser un líder. Cuando descubrimos la verdad y esa verdad está establecida en nuestro subconsciente, ocurrirá una transformación. Este principio es la razón por la cual la gente es capaz de tener lo que se llama un "cambio de corazón". Ellos cambian sus actitudes y creencias, y esto altera sus acciones y reacciones.

Es por eso que es importante para usted, tener la información correcta. Si usted descubre la verdad, entonces la verdad le hará libre. Si no borra, quita o reemplaza la información en el disco duro de su corazón, su liderazgo será gobernado, distorsionado e influenciado por cualquier cosa que esté en su sistema predeterminado. El verdadero liderazgo exige un constante monitoreo de lo que va al corazón.

El antiguo texto hebreo de la Biblia registra al sabio rey Salomón hablando sobre el poder y la función del corazón en su libro de Proverbios: "Sobre toda cosa guardada, guarda tu corazón; porque de él mana la vida".[30] De nuevo, él no habla sobre el órgano físico del pecho, sino del lugar de todo almacenaje subconsciente. La declaración de Salomón es un antiguo dicho, pero la gravedad de este significado y las implicaciones lo hacen muy difícil de comprender. Esta declaración enseña la realidad de que todas nuestras experiencias e interpretaciones de la vida no son causadas por un estímulo externo, sino de nuestro estado interno de ser y creer. El rey Salomón también dijo con referencia al poder del corazón o subconsciente: "Como en el agua el rostro corresponde al rostro, así el corazón del hombre al del hombre".[31] El corazón es el fondo de la vida y determina la calidad de nuestra experiencia en la vida. **Los líderes empiezan desde sus corazones.**

Para convertirse en el líder para lo cual fue creado, debe prestar atención a su corazón, estudiar lo que hay en él y considerar el origen (u orígenes) de donde usted recibió este contenido. Puede que esté sufriendo de "dureza del corazón"; que no le dé un ataque al corazón, a cambio le desafío a "atacar" su corazón y cambiar este contenido para obtener la verdad de usted mismo en el único Origen seguro: el Creador mismo. Permita que Su

---

30. Proverbios 4:23.
31. Proverbios 27:19.

Palabra sea la fuente de sus palabras, luego descubra y crea la verdad sobre usted mismo.

ACTITUDES Y ALTITUDES DEL CORAZÓN

Al final, su *actitud* subconsciente afecta su *altitud*: a lo alto que su corazón aspira, depende de la información que esté dentro de él. Usted sabrá cuando haya capturado el espíritu de liderazgo porque empezará a ver todo diferente, y su nueva perspectiva será la base de su sistema de creencias. En vez de que el ambiente lo influencie, usted empezará a influenciar su ambiente, iniciando con su determinación mental.

LA FUENTE DEL ESPÍRITU DE LIDERAZGO

Como hemos visto, debido a que nuestros pensamientos y creencias generalmente vienen de lo que tomamos de nuestros ambientes, nos convertiremos en lo que aprendemos, escuchamos y tomamos. Originalmente fuimos diseñados para vivir un ambiente conducente a la naturaleza de Dios, el cual es el liderazgo natural para que el origen de nuestras actitudes pueda ir paralelo a nuestro propósito.

Usted es lo que cree. Sus pensamientos crean su creencia. Sus pensamientos crean sus convicciones, su convicción crea su actitud, su actitud controla su percepción, y su percepción dicta su conducta. Lo que verdaderamente crea sobre usted mismo, creerá de su mundo. Recuerde que nadie puede vivir más allá de los límites de su propia creencia. Es decir, su vida es lo que *piensa* que debería ser.

LA NECESIDAD VITAL DE LA VERDAD Y LA LIBERTAD

La búsqueda más importante es la búsqueda de la verdad. El máximo líder de líderes, Jesucristo, dijo que la verdad nos hará libres. ¿Libres de qué? Obviamente, si le digo la verdad, usted es libre de un error o información falsa. Por lo tanto, Él estaba implicando que lo que aprendimos antes de recibir su información debe ser revisado con suspicacia, y, de ser necesario, quitado de nuestros sistemas de creencias.

Con frecuencia, una persona puede tener un título, pero no exhibir un liderazgo efectivo y verdadero. Esto no es porque haya un problema con su título o porque no esté haciendo suficiente dinero, sino que no conoce la verdad sobre sí mismo como un líder. Una persona puede aprender métodos y técnicas de administración o ir a muchos cursos de liderazgo, pero si no obtiene este descubrimiento de la verdad, su actitud será defectuosa. Si su actitud es defectuosa, su concepto sobre sí mismo también será defectuoso.

Pablo, el escritor del primer siglo, en su carta a la iglesia en Roma, dijo que los seres humanos no aprobaron en sus mentes el tener en cuenta a Dios y por esa razón eran corruptos. En algún momento, los archivos del programa original de la humanidad se corrompieron y ahora el programa no será ejecutado correctamente; este continúa sacando la información equivocada que introdujo. Para usar otra analogía, si la fuente de una laguna de agua fresca es cortada, muy pronto se estancará.

Si el origen de sus pensamientos no es correcto, sus pensamientos están incorrectos y sus conclusiones y creencias son defectivas y contaminadas, o pronto lo serán. El resultado es una vida vivida en error e inseguridad.

Por lo tanto, descubrir la verdad es nuestra búsqueda más importante, y la verdad sobre nosotros se encuentra únicamente en el Fabricante. La famosa pregunta de la historia siempre ha sido "¿qué es la verdad?". He descubierto que la definición más práctica de la verdad es la "información original". Una consideración cuidadosa de esta definición revela que el único que conoce la verdad sobre todas las cosas es el que las creó, porque solo el originador puede tener la información original sobre su producto.

Consecuentemente, cualquier declaración sobre el producto debe ser vista solo como comentario u opinión. Para redescubrir el liderazgo del espíritu, debemos regresar al Originador. Para recobrar el espíritu de liderazgo, debemos redescubrir la verdad —la información original— sobre nosotros mismos, información que posee el Fabricante.

En efecto, el liderazgo del espíritu es el dispositivo y el espíritu de liderazgo es el programa. Desarrollar el espíritu de liderazgo significa obtener la información original de donde el dispositivo intentó trabajar y operar. De nuevo, el único que tiene la información original del producto es Quien lo hizo. Hasta que Dios le da al ser humano el conocimiento original de quién es, entonces es una candela sin llama. Existe, pero no tiene vida real. No tiene iluminación sobre la manera en que fue diseñado.

En el libro de los Salmos dice: "Tú encenderás mi lámpara; Jehová mi Dios alumbrará mis tinieblas".[32] Es decir, Dios dará

---

32. Salmos 18:28.

el conocimiento original, la información que necesitamos, nos alumbrará y removerá nuestra ignorancia. Jesús dijo: "Nadie pone en oculto la luz encendida, ni debajo del almud, sino en el candelero para que los que entran vean la luz".[33] Primero, el Creador nos ilumina, luego tenemos que salir e influenciar a otros con la luz que se nos ha dado. **El verdadero liderazgo es manifestado cuando el individuo usa la llama para iluminar las vidas de muchos y les ayuda a descubrir la reserva del aceite escondido en sus propias lámparas.**

---

33. Lucas 11:33.

8

LA RESTAURACIÓN DEL LIDERAZGO DEL ESPÍRITU

Los propósitos del Creador para el humano
son permanentes.

En esta obra, he presentado mi posición de que cada humano fue creado con potencial de liderazgo y capacidad de gobernabilidad, pero pocos descubrirán este latente poder, y todavía muy pocos lo liberarán o manifestarán. La pregunta es ¿por qué? ¿Por qué es el liderazgo tan difícil de desarrollar y manifestar en nuestra generación?

Creo que la respuesta no es la falta de materia prima o potencial, sino la ausencia de información correcta, entrenamiento y un ambiente conducente para producir la mentalidad, la determinación y las actitudes necesarias para que este liderazgo potencial sea encendido. Este es *el espíritu de liderazgo*. **El verdadero liderazgo tiene más que ver con la determinación de la mente que con los métodos y técnicas.**

En la historia que abrió esta discusión, el joven león que pensó que era oveja y vivió como una de ellas, llegó al momento de decisión en el cual tenía que convertirse en él mismo, o vivir por siempre en un mundo que no estaba diseñado para él. El joven león, como recordará, tomó su decisión y volvió su espalda a la comodidad y seguridad de la finca. Siguió a la gran bestia hacia el bosque y fue restaurado a su destino, realidad y personalidad propios. Este es el desafío de toda la humanidad, la restauración de sí misma.

A pesar de la declaración de independencia de la humanidad de su Fuente, y la manifestación del resultado trágico y doloroso de esta rebelión, el Creador no ha cambiado su pensamiento acerca de su propósito original para nosotros. Él está apasionadamente comprometido para que nuestro ser sea reconectado con Él por dos razones principales: (1) Somos hechos a su imagen y no quiere que su imagen sea distorsionada o deshonrada en el mundo, y (2) Sus propósitos son permanentes; siempre ha cumplido con lo que originalmente nos determinó que hiciéramos.

LA PERMANENCIA DEL PROPÓSITO

Como lo hemos leído en el texto original de la narración de la creación, el propósito de la creación del hombre fue tener dominio sobre la tierra como gobernante del entorno. El hombre fue creado para ser líder y diseñado con la habilidad para manifestar su liderazgo natural. El pasado y el futuro de la humanidad es el liderazgo. El liderazgo es su destino.

El Creador está comprometido a realizar su propósito en nosotros, el cual inició en el momento que nos creó. Para que Él realice lo que se propuso originalmente para nosotros, primero tiene que reconectarnos a Él. Su intención original para el humano es la motivación detrás de su plan de restauración y todas sus interacciones con nosotros.

EL MANDATO DEL LIDERAZGO COLECTIVO

En este libro, nuestra filosofía del liderazgo está basada en el precepto de que todo humano fue creado para ser líder. De nuevo, si esta proposición es aplicada al concepto tradicional del liderazgo, el cual define liderazgo como la autoridad, el control o movilizador de las personas, la pregunta obvia es, "¿quiénes serán los seguidores?".

Así como miramos anteriormente, este principio del liderazgo de servicio fue expresado por el máximo líder, Jesucristo, cuando se le preguntó sobre la posición del liderazgo. Asimismo, el diseño del Creador para un liderazgo colectivo puede ser resumido en la frase "cada persona es un líder". Todo ser humano, de acuerdo al mandato del Creador, fue diseñado por Él para ser un líder en un área de talentos.

Debemos entender esta verdad si vamos a realizar el propósito del Creador: el mandato de tener dominio sobre la tierra fue dado a toda la humanidad. No fue dado para unas cuantas personas selectas, y no fue dado solo a los varones. Ambos, varones y mujeres, son líderes de acuerdo a nuestro Creador. Dios es descrito como Rey de reyes. Él no es Rey de esclavos, sino de gobernantes que reinan con Él de acuerdo a su propósito. Su plan para la humanidad es que cada uno sea un rey, un gobernante sobre un área de talentos en la creación.

Clifford Pinchot, un orador y consultor sobre innovación de gerencia, es el autor del libro *Intrapreneuring: Why You Don't Have to Leave the Corporation to Become an Entrepreneur*, (Intraempresariando: ¿Por qué no dejar la corporación y convertirse en un empresario?).[34] También es autor contribuyente en *The Leader of the Future* (*El Líder del Futuro*),[35] publicado por la fundación Drucker.

El haber leído muchas ideas exploradas e introducidas por expertos en liderazgo y gurús de hoy, me asombra que muchas de sus supuestas nuevas ideas son simplemente ideas antiguas que por miles de años han sido indicadas en los textos de los antiguos textos de las Escrituras. El Creador siempre pensó que todos los hombres —hombres y mujeres— fueran líderes en sus áreas específicas de talentos y servicio al mundo, como una nación de gobernantes. Tal vez esta sea la noción detrás de la designación de Jesucristo en su perfecta relación con el humano como el "Rey de reyes". Él es el Gobernante de los gobernantes, el Líder de los líderes. Esta es la esencia del liderazgo colectivo.

EL PROGRAMA PARA REPARAR — RECONEXIÓN CON LA FUENTE

Cuando la humanidad perdió el espíritu de liderazgo, el resultado fue el declive espiritual, mental y físico. Los seres humanos fueron desconectados del Espíritu de Dios, quien les capacita para conocer los pensamientos de su Creador. No tienen otro lugar de dónde obtener sus pensamientos, de manera que lo obtuvieron por ellos mismos y de su entorno. Así es como el hombre ha vivido desde entonces, de sus propios pensamientos, de los pensamientos de sus contemporáneos y del engaño de sus adversarios. ¡Qué combinación para la edificación de nuestro corazón!

---

34. Editorial Norma, 1985.
35. Deusto, 2007.

El programa del Creador para reparar, es reconectar al humano con Él. Le llamaremos a esta reconexión "restauración redentora". En su fondo, toda la historia de la Biblia es sobre el Fabricante reacomodando su producto para realizar Su propósito original.

La prognosis del Creador sobre nuestra condición es realmente muy diferente de lo que usualmente pensamos que es. No fue tanto como un problema "religioso" en sí, sino un problema del pensamiento. Por lo tanto, Él envió la Palabra (sus pensamientos) a la tierra para corregir y redirigir nuestro pensamiento. Juan, el escritor del primer siglo, escribió:

> En el principio era el Verbo, y el Verbo era con Dios, y el Verbo era Dios. Este era en el principio con Dios. Todas las cosas por él fueron hechas, y sin él nada de lo que ha sido hecho, fue hecho. En él estaba la vida, y la vida era la luz de los hombres. La luz en las tinieblas resplandece, y las tinieblas no prevalecieron contra ella...Aquella luz verdadera, que alumbra a todo hombre, venía a este mundo.[36]

La palabra griega que es traducida como "Verbo" en este pasaje es *logos*, que significa "expresión divina".[30] Jesús es Dios expresándose a Sí mismo y su propósito ante nosotros. El Creador nos envió Sus pensamientos. Cuando alguien está enfermo y el doctor da un diagnóstico, el resultado del diagnóstico le dice la medicina que va a prescribir. Por lo tanto, la prescripción de Dios de enviar su pensamiento expresado, indica que Él se consideró

---

36. Juan 1:1-5,9.

como la fuente y la causa del problema de la humanidad: pensamiento defectuoso.

En el análisis final, nuestro pensamiento crea nuestras vidas. Jesús vino a regresarnos los pensamientos originales que perdimos cuando nos rebelamos en contra de nuestra Fuente. Cuando nuestros pensamientos sean corregidos, nuestras actitudes serán transformadas porque nuestro pensamiento original será restaurado. Esto encenderá nuestro liderazgo del espíritu y nos capacitará para realizar nuestro potencial liderazgo.

Esta es la razón por la cual Jesús, en los tres años y medio, se sentó con Sus discípulos estudiantes —que incluían a aquellos hombres de negocios que poseían una compañía de pesca: Pedro, Andrés, Jacobo y Juan— y los retó a cambiar sus pensamientos enseñándoles el camino a los pensamientos del verdadero líder.

EL AGENTE AUTORIZADO: JESÚS

Hace algunos años compré una nueva computadora portátil y quedé intrigado al leer el manual del usuario. Toda la información usual estaba ahí, pero lo que me llamó la atención fueron las últimas páginas al final del folleto. Estas páginas trataban sobre los temas de la autorización y garantía, y la estipulación concerniente al uso de solo un agente autorizado. El principio era claro: la compañía reconocía solo el trabajo de un agente autorizado con referencia a las reparaciones, y cualquier violación de este acuerdo cancelaría la garantía.

Cuando un fabricante indica el tema de la reparación de un problema con su producto, tiene sus agentes autorizados para arreglar la situación porque ellos representan al fabricante y están familiarizados con el producto. El mismo principio se mantiene en el caso de la caída del hombre y la relación con su Creador. El Creador envió a su único Agente Autorizado para darnos la información original sobre nosotros mismos y para reparar nuestra relación dañada con el Fabricante.

La venida de Jesús a la tierra, no fue tanto como una actividad religiosa, más bien fue una transacción de "negocio". Su "trabajo" era hacer todo lo que fuera necesario para reconectar al humano con su Fuente. Siguiendo nuestra analogía anterior, Jesús vino a restaurar el poder a la "computadora", Él restauró el Espíritu del Creador en nuestras vidas y nos dio una nueva conciencia de nuestro propósito. Ahora tenemos el poder de convertirnos en lo que fuimos creados para ser. Él restauró nuestros "discos duros".

Anteriormente, leímos que "el Verbo era Dios". Dios se envió a Sí mismo para darnos la información verdadera sobre nosotros mismos. Jesús dijo: "Y conoceréis la verdad [a través de la Palabra], y la verdad os hará libres".[37] A través de la Palabra somos libres de todos los conceptos erróneos y enfermedades mentales que resultaron de nuestra desconexión.

Una de las declaraciones que Jesús hizo muchas veces antes que explicara algo, era: "De cierto os digo".[38] Si quiere conocer la verdad y la actitud que debería tener de usted mismo, debe escuchar las palabras de Jesús dichas sobre usted. Necesitamos la verdad, y Él es el medio para ello. Él dijo: "Yo soy el camino, la verdad y la vida".[39] Lo leo como: "Yo soy el camino a la verdad

---

37. Juan 8:32.
38. Mateo 5:18.
39. Juan 14:6.

que te da vida". Poniéndolo de otra forma, Él es la fuente de la información que nos hace volver a vivir.

Juan continúa diciendo: "En él estaba la vida, y la vida era la luz [el conocimiento] de los hombres".[40] Jesús vino para dar vida. Nunca vive realmente hasta que obtiene la información verdadera sobre usted mismo. "La luz en las tinieblas resplandece, y las tinieblas no prevalecieron contra ella".[41] *Las tinieblas* se refieren a la ignorancia, mientras que *la luz* denota el conocimiento. Jesús conoce la verdad sobre nosotros —Él sabe quiénes somos realmente—y está diciendo que: "Mientras más conozca lo que conozco de ti, más activo serás".

"Aquella luz verdadera, que alumbra a todo hombre, venía a este mundo".[42] Jesús conoce la verdad sobre cada ser humano que está vivo. Es por eso que vamos a Él para la restauración. No es para "obtener religión", sino para redescubrir nuestra Fuente y nuestra propia personalidad.

EL PROGRAMA PARA REPROGRAMAR: EL REGRESO DEL ESPÍRITU DEL CREADOR

El espíritu humano perdió su conexión con el Creador, la presencia de su Espíritu en nuestras vidas. Cada acto del Agente Autorizado conllevaba un programa muy intrincado que requería de ciertas cosas para que la conexión fuera restaurada. Primero, la rebelión de la humanidad tenía que ser resuelta, porque recuerde que la rebelión resultó en una penalidad: muerte espiritual. Usted no puede cancelar un penalidad, alguien debe pagar

---

40. Juan 1:4.
41. Juan 1:5.
42. Juan 1:9.

por ella. Por lo tanto, el Agente Autorizado tomó esa penalidad sobre Sí mismo. La muerte suplente del Agente Autorizado fue para satisfacer las exigencias de las penalidades por la rebelión del hombre.

Este fue el propósito del sufrimiento y muerte de Cristo. Estos no concluían en sí mismos, sino que eran los medios para que nosotros fuéramos reconectados y restaurados totalmente con el Creador. Siendo así, este Espíritu está disponible para cada ser humano de cada generación. El Agente Autorizado pagó la multa, proveyó total perdón y reparó lo daños internos. Fuimos responsables y debíamos pagar, pero no tuvimos la habilidad de hacerlo. Nunca hubiéramos sido restaurados sin Su intervención. Después del reparo, la meta del Agente Autorizado era restaurar el Espíritu en los vasos que ya estaban listos para recibirlo.

Lo último que Jesucristo prometió al humano no fue el cielo, sino el poder: "Recibiréis poder, cuando haya venido sobre vosotros el Espíritu Santo".[43] En efecto, Él les dijo a sus discípulos: "Los dejo para volver al Padre Dios. Mi propósito en la tierra ha terminado, pero les enviará Uno que es igual que yo, que les ayudará. Estoy fuera de ustedes y les estoy demostrando poder, pero Él estará en ustedes, y les dará poder a través de ustedes y para ustedes". Jesús sabía que este poder era lo que ellos habían perdido. Era lo que Adán había perdido. Así es que, el máximo propósito del sufrimiento y muerte de Jesucristo fue regresar el poder del Creador a los seres humanos, para que pudiéramos realizar el deseo de Dios para nosotros.

---

43. Hechos 1:8.

El regreso del Espíritu de Dios al espíritu del hombre es el momento más importante en la historia de la humanidad, desde que el Creador primeramente dio hálito en la vida del hombre y le permitió vivir. Tenemos la recepción inicial en la creación, y luego una nueva recepción al final del programa de restauración. De esta manera, Jesús restauró la conexión de la humanidad con su Fuente. A la misma vez, el liderazgo del espíritu del hombre fue reconectado a la Fuente del verdadero liderazgo. El disco duro fue restaurado, pero ahora viene la parte más difícil: La instalación del programa de una mente renovada, es decir, el pensamiento del líder.

LA NECESIDAD DE UNA MENTE RENOVADA

Ser líder es parte natural de nuestra composición, pero pensar como líder es difícil. Aunque es esencial ser reconectado, es solo el inicio del desarrollo en un verdadero líder. Tenemos que transformar nuestros pensamientos y alinearlos con aquellos de nuestro Creador. Pablo le escribió a la iglesia en Roma: "No os conforméis a este siglo, sino transformaos por medio de la renovación de vuestro entendimiento, para que comprobéis cuál sea la buena voluntad de Dios, agradable y perfecta".[44]

La única manera de tener un cambio mental es redescubrir la revelación de la verdad sobre nosotros mismos, la realidad de que usted fue creado y diseñado para ser líder. Usted debe internalizar la verdad de que el liderazgo es su naturaleza, destino y propósito de existencia. Debe capturar la esencia del conocimiento de que el propósito de su existencia es tener dominio sobre la

---

44. Romanos 12:2.

tierra. Usted nació para gobernar, para liderar. Una vez que comprenda esta verdad, es entonces cuando el trabajo empieza.

La transformación mental —en nuestra analogía de la computadora sería el descargar un nuevo programa— es diferente de reparar y restaurar. Es un proceso que toma tiempo porque involucra el cambio de pensamientos y hábitos arraigados. La diferencia vital es que ahora usted tiene el poder y el acceso del Espíritu del Creador que lo capacitará para hacerlo.

El regreso del Espíritu nos restaura la conciencia de nuestro liderazgo del espíritu y la asignación del dominio. Ahora viene el desafío, del cual el resto de este libro trata: la transformación de nuestras mentes cuando descubrimos y vivimos las actitudes del espíritu de liderazgo. Lo esencial de este libro es descargar el programa del liderazgo.

PARTE 2

ACTITUDES DE LOS VERDADEROS LÍDERES

9

ACTITUD #1: PROPÓSITO Y PASIÓN

El hombre posee la capacidad de liderar,
pero ha perdido la voluntad para hacerlo.

La actitud del propósito es el primer atributo que separa a los seguidores de los líderes. **El verdadero liderazgo no puede nacer o existir sin un sentido del propósito.** El propósito es el descubrimiento de una razón para su existencia y está definido como la intención original de la creación de una cosa. Cada ser humano fue creado para un propósito específico, y cuando el propósito es descubierto, entonces ha nacido un líder.

El propósito crea un líder porque provee una asignación para la vida e indica un sentido de importancia. Usted debe descubrir su propósito y la contribución específica para lo cual fue destinado a llevar a cabo en su generación. **Su liderazgo está escondido en su propósito, y su propósito es la clave de su pasión.** No importa qué posición pueda tener en su vida o en una organización, usted debe relacionarlo a su sentido de propósito y aceptarlo con pasión.

La actitud de la pasión es el segundo atributo más indispensable del liderazgo, y sirve como la fuerza conductora de la motivación que sustenta el enfoque del líder. Sin pasión se carece de energía, y el aburrimiento infecta la mente y la vida. Para poder convertirse en el líder para lo cual fue creado, usted debe definir un propósito para su vida que produzca una pasión para vivir.

Cada gran hombre o mujer se convierten en grandes porque él o ella poseen el espíritu de la pasión. Pero creo que esta actitud está faltando en el 99 por ciento de las personas en el mundo. Es por esto que muchos son seguidores en vez de líderes. La pasión es poca en la experiencia del humano.

¿Por qué es la pasión tan importante? En Salmos 20:4 leemos: "Te dé [Dios] conforme al deseo de tu corazón, y cumpla todo tu consejo". Sus planes serán exitosos si realmente usted desea realizarlos. La palabra *deseo* no denota un interés casual, sino un profundo, un poderoso propósito para un final deseado: pasión por un propósito. Si no tiene pasión por algo, no lo recibirá. Es solo cuando tenemos pasión por lo que queremos hacer que las cosas empiezan a suceder para disponernos a cumplirlo.

Todo verdadero líder es apasionado. Considere las siguientes preguntas: ¿Cuán fuertemente quiere algo? ¿Está usted solo existiendo o está buscando una razón para vivir? **Los líderes no solo hacen, también *sienten* lo que están haciendo. Su pasión continuamente les motiva e inspira.** La persona promedio solo tiene un trabajo. Marca su hora de entrada y sale a las 5:00 p. m. Su trabajo es una función que hace, no una contribución que hace al mundo; **pero los verdaderos líderes no tienen trabajos, tienen asignaciones de por vida.**

UN DESTINO INELUDIBLE PARA SU VIDA

El liderazgo no es el cumplimiento de una lista de metas, porque las metas son temporales. El verdadero liderazgo está manifestado cuando descubre un destino para su vida, el cual es tan obligatorio que habrá cumplido su propósito para vivir, una vez que lo haya terminado.

La pasión es la clave del liderazgo porque su deseo está hecho para ser su destino. David, el gran rey israelita, escribió en uno de sus salmos: "Deléitate asimismo en Jehová, y él te concederá las peticiones de tu corazón".[45] Nuestros propósitos y pasiones son ideas, sueños, pensamientos y visiones perpetuas que llenan nuestros corazones o subconscientes.

Cuando nos deleitamos en nuestra relación con nuestro Creador, él nos dará los deseos que preocupan a nuestros subconscientes cada día. Esto es porque Él ha "escondido" Su deseo dentro de cada uno de nosotros. Si quiere descubrir la voluntad de Dios para su vida, entonces analice lo que desea realizar, las esperanzas y los sueños que parecieran nunca dejarlo en paz. El Creador coloca Sus deseos en nuestros corazones o subconscientes y luego promete cumplirlos. Su pasión personal está supuesta a provenir de ese tesoro escondido del deseo que Él ha puesto dentro de usted. Usted sabe que se ha abierto a su potencial de liderazgo cuando está activamente involucrado en las cosas que tanto desea hacer, al punto que no puede dejar de pensar sobre ello.

---

45. Salmos 37:4.

Algunas veces no es fácil que reconozcamos el origen de nuestra pasión en la vida, pero con frecuencia nuestros deseos son mayores que nuestros libros de bolsillo, el nivel de nuestra educación, nuestras habilidades naturales, nuestras culturas o nuestras razas, y creemos que alguien más está hecho para cumplirlas. Pero uno de los signos de una pasión verdadera es que es mucho mayor de lo que somos. Miremos más de cerca la naturaleza de la pasión.

¿QUÉ ES PASIÓN?

La pasión puede ser definida como:

1. Un deseo profundo

   La pasión es la energía que dice: "Voy tras eso, no importa lo que pase. Si tengo que esperar diez años, lo voy a obtener". Si quiere ir tras su sueño, no se puede sentar y esperar que todo sea fácil. Los verdaderos líderes poseen un profundo deseo que les produce la pasión para proceder con sus sueños.

2. Un anhelo

   Las personas apasionadas son personas "poseídas". Es decir, usted no puede ser exitoso como líder a menos que tenga una necesidad interna de realizar algo en particular.

3. Una obligación

   Cuando usted está apasionado por algo, se siente obligado a hacerlo. **El liderazgo nace cuando se descubre una obligación divina para su comunidad, mundo y generación.**

4. Un compromiso sincero

Muchas personas están "interesadas" en hacer ciertas cosas, pero no están realmente comprometidas para realizarlas. Algunas personas dicen que tendrán un mejor trabajo, perderán peso o cambiarán sus vidas algún día. El mundo está lleno de personas que están meramente interesadas, pero no apasionadas. Un compromiso verdadero es como el del hombre que salta de un avión, confiando en que el paracaídas se abrirá. No es hablar, sino actuar. La pasión le hace saltar, sin importar nada. Los líderes están comprometidos, no solo interesados. **Están dispuestos a entregarse totalmente al cumplimiento de sus propósitos. El verdadero liderazgo no es encontrar algo por qué vivir, sino algo por qué morir.**

5. Una resolución sincera

Cada año hacemos resoluciones de año nuevo y rápidamente las olvidamos. ¿Cuán determinado es usted? ¿Actúa por lo que ha estado comprometido a hacer? ¿Está dispuesto a pagar el precio para obtener su deseo? **Los verdaderos líderes son resueltos en sus decisiones para lograr sus metas y propósitos.**

6. Una motivación sincera

La pasión es el jugo para vivir. Para muchas personas, la vida es un trabajo penoso. No tienen motivación en lo que respecta a sus trabajos, esposos, educación o desarrollo personal. Alguien dijo alguna vez que el asunto sobre la vida es que es muy rutinaria. La pasión nos ayuda a salir de nuestras rutinas diarias.

Si usted no está motivado, entonces se volverá un peso o carga para otros. Gastará sus energías. La pasión es un medio de motivación. Cuando usted tiene pasión, no necesita las condiciones adecuadas para continuar porque la pasión es generada internamente y no es afectada por condiciones externas. **Los verdaderos líderes no necesitan estímulos externos para tomar acción. Son automotivados.**

¿CUÁL ES LA FUENTE DE LA PASIÓN?

UN SENTIDO DE PROPÓSITO

¿De dónde viene la pasión? Primero, viene del sentido de propósito. Usted está buscando algo que le dé significado a su vida. Si se vuelve distraído o la oposición se cruza en su camino, su destino aún lo empuja a la dirección de su deseo porque no puede imaginarse dejarlo de cumplir.

UN SENTIDO DE DESTINO

La pasión viene de algo fuera de este mundo y está conectado a ella. Mientras viva por algo terrenal, su pasión no durará. Tiene que estar conectada a algo que sea mayor que su propia existencia. Si usted obtiene su pasión por algo terrenal, entonces, cuando eso se detenga, usted se detendrá. Pero **si usted atrapa el sentido del destino que existió antes que usted y continuará existiendo después de usted, se sentirá que está involucrado en algo que es mayor que usted mismo; entonces, está en el camino hacia el liderazgo. La pasión nace cuando usted se conecta al pasado y al futuro.**

UNA CONVICCIÓN PROFUNDA

Algunas personas no tienen convicción de lo que están haciendo, pero un líder es una persona de convicción profunda.

La pasión es una certeza profunda que necesita hacer algo. Sus convicciones tienen que ver con sus creencias. Si usted cree que ha descubierto lo que se supone debe hacer, esto le creará una pasión. Le hará mantenerse firme y sobrellevar la oposición, resistencia, críticas y todos los otros obstáculos.

UNA REVELACIÓN DEL FUTURO

La pasión es encendida por la revelación de hacia dónde quiere usted ir con su vida. La visión del Creador para usted es tan vívida que puede verlo con los ojos de su mente, y este panorama crea una pasión para llegar hasta ahí. La mayoría de personas criticarán su pasión porque ellos no miran lo que usted mira. **Un líder, usualmente, se mueve hacia las cosas que todavía no pueden ser vistas, pero serán manifestadas en el futuro.**

UN CONOCIMIENTO DE PROVIDENCIA

Cuando usted entiende que la mano providencial del Creador está en su vida, entonces sabe que no es solo un experimento, sino una parte de un programa más largo orquestado por Dios en el cual usted tiene una función que realizar. Esto provoca que su pasión se avive. Ya no está viviendo solo, sino con todos aquellos en el pasado y el futuro con quienes está unido por medio de un propósito en común. De nuevo, **un verdadero líder siempre piensa en términos del ayer y del mañana, construye *sobre* el pasado y construye *para* el futuro.**

UNA RESOLUCIÓN SINCERA

Una persona con pasión está determinada a cumplir con lo que fue destinado a hacer. Esto no es solo para el bien personal, sino para el bien de los demás que serán bendecidos a través del cumplimiento del propósito.

LIDERAZGO Y PASIÓN

El liderazgo es nacido cuando el propósito es descubierto y el destino es entendido. La pasión es la fuerza conductora del liderazgo y energiza la motivación del liderazgo. A Dios le gustan las personas que son apasionadas. En Apocalipsis leemos de su disgusto por aquellos que son tibios: "Yo conozco tus obras, que ni eres frio ni caliente. ¡Ojalá fueses frio o caliente! Pero por cuanto eres tibio, y no frio ni caliente, te vomitaré de mi boca".[46] Las personas que están satisfechas con una existencia menor, nunca llegarán donde deben llegar.

En contraste, una persona que tiene pasión toma riesgos. No teme fallar debido a su sentido del destino. Sabe que el fracaso es un incidente pero que el destino es permanente. **Los líderes saben que el propósito es mucho mayor que uno o varios incidentes. En cambio, se mantienen firmes hacia el cumplimiento de sus propósitos, sin importar lo que pase.**

CUALIDADES DE LA PASIÓN

Los líderes son aquellos quienes han descubierto algo más importante que la misma vida y, por lo tanto:

- Su pasión produce flexibilidad.
- Su pasión sobrelleva la resistencia y el dolor.

---

46. Apocalipsis 3:15-16.

+ Su pasión es una fuente de determinación.

+ Su pasión es una incubadora de valor.

+ Su pasión es más fuerte que la oposición e incluso que la muerte.

Pablo, el escritor del primer siglo, es un gran ejemplo de un líder que fue apasionado. En su segunda carta a la iglesia en Corinto, encontramos un pasaje único que muestra la pasión que tenía por su visión. Algunas personas han retado el derecho de Pablo de ser un apóstol. Dicen que él no fue realmente llamado por Dios y que no era digno del respeto que recibía. Ellos mismos fueron falsos apóstoles, pero atacaron la credibilidad y las cualidades de Pablo y desviaban a las personas de la verdad. Pablo respondió escribiéndoles a los creyentes corintios que habían sido desviados por estos falsos apóstoles. Él escribió que, aunque lo que estaba a punto de decir sonara ridículo y tonto, lo diría de todas maneras para que volvieran al verdadero Evangelio.

¿Son hebreos? Yo también. ¿Son israelitas? Yo también. ¿Son descendientes de Abraham? También yo. ¿Son ministros de Cristo? (Como si estuviera loco hablo). Yo más; en trabajos más abundante; en azotes sin número; en cárceles más; en peligros de muerte muchas veces. De los judíos cinco veces he recibido cuarenta azotes menos uno. Tres veces he sido azotado con varas; una vez apedreado; tres veces he padecido naufragio; una noche y un día he estado como náufrago en alta mar; en caminos muchas veces; en peligros de ríos, peligros de ladrones, peligros de los de mi nación, peligros de los gentiles, peligros en la ciudad, peligros en el desierto, peligros en el mar, peligros entre falsos hermanos; en trabajo y fatiga,

en muchos desvelos, en hambre y sed, en muchos ayunos, en
frio y en desnudez; y además de otras cosas, lo que sobre mi
se agolpa cada día, la preocupación por todas las iglesias.[47]

¿Por qué Pablo da una lista de problemas y tribulaciones como prueba de que era un apóstol genuino? De hecho, estaba diciendo que "si la visión y asignación que recibí no fueran reales, ¿creen que yo pasaría por todas estas dificultades?".

Pablo pagó un precio por su propósito, pero su pasión le permitió hacerlo. Usted es apasionado y real si se mantiene bajo presión. Sabe que su visión viene de Dios cuando se mantiene firme una vez que haya pasado la tormenta.

El liderazgo nace cuando usted descubre su propósito de ser y se compromete en su búsqueda a cualquier precio. Si encuentra que está aburrido, entonces no ha descubierto su propósito porque su pasión es la fuerza motora de la vida.

Siembre un pensamiento, coseche una creencia.
Siembre una creencia, coseche una actitud.
Siembre una actitud, coseche una acción.
Siembre una acción, coseche un hábito.
Siembre un hábito, coseche un carácter.
Siembre un carácter, coseche un destino.

---

47. 2 Corintios 11:22-28.

10

ACTITUD #2: INICIATIVA

El mayor valor que puede poseer es una buena actitud.

La actitud de la iniciativa es uno de los atributos más importantes de los verdaderos líderes, la cual los distingue de los eternos seguidores. **Los líderes no esperan que el futuro llegue; ellos lo crean. No esperan que los demás hagan lo que saben que deben o pueden hacer.**

La inspiración del liderazgo es la visión. La visión es un panorama de lo que se quiere realizar. Pero la actitud de la iniciativa hace la diferencia entre un plan y un resultado actual. Es decir, **la visión es un deseo, mientras que la iniciativa hace que se realice dicho deseo.**

Miremos algunas descripciones de la iniciativa:

- La iniciativa es un catalizador.
- La iniciativa es realizar la acción.
- La iniciativa sale de la automotivación.
- Los iniciadores son automáticos que no necesitan instancias externas para hacer algo.

+ Los iniciadores toman decisiones específicas para empezar las cosas.

El Creador es nuestro ejemplo principal de actitud e iniciativa del liderazgo. El relato de la creación en el primer libro de Moisés empieza con: "En el principio creó Dios los cielos y la tierra. Y la tierra estaba desordenada y vacía, y las tinieblas estaban sobre la faz del abismo, y el Espíritu de Dios se movía sobre la faz de las aguas. Y dijo Dios: Sea la luz; y fue la luz".[48]

Antes de que Dios hablara, la tierra estaba deformada, vacía y oscura. Esto podría haberse mantenido así, si Él no hubiera iniciado el proceso de la creación. Él vio el potencial de la tierra y la transformó en algo que tenía forma, que tenía abundancia de seres creados, y fue llenada con luz. La lección más importante aquí son las palabras escondidas: "En el principio creó Dios". Aquí vemos que el espíritu de liderazgo inicia la actividad y activa el cambio. Este es el espíritu de un líder. **Los líderes no solo sueñan; se levantan y ponen en acción sus sueños.**

PRINCIPIOS DE LA INICIATIVA

1. LA INICIATIVA ES LA CLAVE PARA LA REALIZACIÓN.

Existen numerosos ejemplos de inventores, compositores y otros quienes iniciaron ensayos por sus imaginaciones, que caso contrario hubieran permanecidos como un simple potencial. Al desarrollar las actitudes del liderazgo, considere qué ideas y deseos quiere convertir en realidad y cómo al tomar la iniciativa podría ser el catalizador para su manifestación.

---

48. Génesis 1:1-3.

2. LA INICIATIVA ES EL PODER DEL ÁNIMO.

La *Real Academia Española* describe la *inercia* como "propiedad de los cuerpos de mantener su estado de reposo o movimiento si no es por la acción de una fuerza". La inercia es un factor de la vida. Las cosas no se inician, progresan o enrumban una vez que se hayan estancado, a menos que alguien tome acción para colocarlos de nuevo en el curso correcto.

En un juego de pelota, un entrenador insta a los corredores a que se muevan de las bases y vayan hacia la meta antes de que sean sacados. Él les ayuda a mantener el ímpetu. Similarmente, **la actitud de la iniciativa le permite ser su propio entrenador para que mantenga su ánimo en la búsqueda de su propósito en la vida.**

3. LA INICIATIVA ES LA MANIFESTACIÓN DE LA DECISIÓN.

Nada puede ser realizado a menos que una decisión se haya tomado al respecto. En nuestro diario vivir, no compramos una casa, escogemos un vestido o seleccionamos un tipo de aseguradora por otra, a menos que específicamente decidamos tomar una cosa y poner a un lado las otras opciones. Este principio se mantiene fiel al ejercitar nuestro don de liderazgo. El liderazgo eficaz conlleva una cantidad de decisiones y elecciones que pueden provocar que muchas personas se resistan y se entreguen a la apatía. **La iniciativa nos permite tomar elecciones que nos ayudan a seguir hacia nuestras metas.**

4. LA INICIATIVA ES LA CLAVE PARA UN LIDERAZGO PLACENTERO.

Tanto los líderes y los seguidores aprecian la actitud de la iniciativa en sus compañeros. Cuando un líder es indeciso o inseguro y continuamente se le dice lo que debe hacer, esto no solo agota a los afectados, sino que también es ineficiente. El crecimiento del liderazgo viene como resultado de admitir y moverse hacia adelante en nuestros propósitos.

5. LA INICIATIVA ES LA MANIFESTACIÓN DEL ESPÍRITU DE CONFIANZA Y FE.

Con frecuencia desistimos de tomar la iniciativa porque nos asustan las responsabilidades o las consecuencias de nuestras acciones. El escritor a los hebreos dijo: "Mas el justo vivirá por fe; y si retrocediere, no agradará a mi alma".[49] Cuando exhibimos la actitud de la iniciativa, esto demuestra que estamos operando en la fe y confianza que Dios nos cuidará totalmente al buscar los propósitos que Él tiene para nosotros.

6. LA INICIATIVA ES EL ESPÍRITU DE LA CREATIVIDAD.

Los inventores tienen el hábito de hacer múltiples experimentos. Se mantienen probando hasta que algo funcione. La iniciativa con frecuencia trabaja de manera similar. La voluntad de mantenerse iniciando y probando cosas nuevas mientras buscamos nuestros propósitos, despierta el espíritu de la creatividad y permite buenos resultados para aquellos que disfrutan el tratar "una cosa más".

7. LA INICIATIVA ES LA CLAVE PARA LA OBEDIENCIA.

Cuando sabemos que estamos supuestos a hacer algo, es en ese preciso cuando deberíamos empezar a hacerlo. Resistirnos hasta que nos parezca o que las circunstancias sean mejores, no es

---

49. Hebreos 10:38.

conducente a la práctica de hacer lo que necesitamos hacer en el momento que debemos hacerlo para lograr nuestras metas.

UTILIZANDO EL PODER DE LA INICIATIVA

¿Cómo es afectada la actitud de la iniciativa por sus propias creencias, sus propósitos y su Dios? Los líderes utilizan el poder de la iniciativa porque ellos:

* Creen en la integridad y fidelidad de su Creador.
* Creen en sus causas.
* Creen en la rectitud de sus sueños.
* Creen en su competencia.
* No se asustan por el fracaso.

Para convertirse en el líder para lo cual nació, usted debe cultivar el espíritu de la iniciativa. No espere que los demás hagan lo que usted sabe que podría y debería hacer. **Sea líder, inicie.**

ACTITUD #3: PRIORIDADES

La actitud es la evidencia de lo que piensa.

Los verdaderos líderes se distinguen por su fuerte sentido de prioridades. Siempre están claros sobre lo que es importante para ellos y desean atender el asunto principal, antes que nada.

Lo más importante en la vida y el liderazgo, es conocer lo que usted está supuesto a hacer. Cualquier actividad que emprendamos consume nuestro tiempo, talentos, esfuerzo, energía y vida. **Por lo tanto, lo que hacemos determina quiénes somos y en qué nos convertimos. Los verdaderos líderes tienen un claro sentido de lo que necesitan hacer. La clave para esta habilidad es aplicar el principio de la prioridad.**

¿QUÉ ES PRIORIDAD?

Iniciemos por definir la prioridad. Esta es:

+ Algo que tiene una demanda *a priori* de nosotros.

+ Algo que amerita nuestra pronta atención.

+ Algo que recibe pronto nuestros recursos.

+ Algo que tiene el derecho de reemplazar a otras cosas.

LIDERAZGO Y PRIORIDADES

El liderazgo efectivo conlleva el manejo de las prioridades. Los verdaderos líderes han aprendido cómo distinguir entre lo que es realmente importante para sus vidas y el cumplimiento de sus propósitos, y lo que es una necesidad urgente, pero temporal. También han descubierto cómo distinguir entre las opciones que son buenas y las que son mejores para ellos. Debido a estas cosas, tienen agendas apretadas y listas cortas de cosas por hacer.

CÓMO DETERMINAR LAS PRIORIDADES

¿Cómo determinamos lo que realmente es importante en nuestras vidas? Encontramos una guía valiosa en una declaración hecha por Pablo, en su primera carta a los Corintios: "Todas las cosas me son lícitas, más no todas convienen; todas las cosas me son lícitas más yo no me dejaré dominar de ninguna".[50]

Vivimos en una época en que, particularmente en los Estados Unidos de América y la Unión Europea, las personas tienen una miríada de elecciones respecto a sus estilos de vida, carrera y tiempo libre. Podemos hacer muchas cosas, pero no todo es constructivo para nuestras vidas. **Una de nuestras responsabilidades principales como líderes, es determinar lo que es mejor para nosotros de acuerdo a nuestro propósito y visión en la vida.**

Pablo sabía lo que era ser de una sola mente en la búsqueda de un propósito. En su carta a los Filipenses, escribió:

No que lo haya alcanzado ya, ni que ya sea perfecto; sino que prosigo, por ver si logro asir aquello para lo cual fui

---

50. 1 Corintios 6:12.

también asido por Cristo Jesús. Hermanos, yo mismo no pretendo haberlo ya alcanzado; pero una cosa hago: olvidando ciertamente lo que queda atrás, y extendiéndome a lo que está delante, prosigo a la meta, al premio del supremo llamamiento de Dios en Cristo Jesús.[51]

EVALÚE SUS PRIORIDADES ACTUALES

¿Qué propósitos necesita "no soltar" personalmente, profesionalmente y espiritualmente? ¿Cómo sus prioridades actuales se alinean con ellos? Tome tiempo en esta semana para pensar sobre sus prioridades actuales. Quizá no haya realmente establecido ninguna de las prioridades y esté viviendo en un tipo de crisis: Cualquier cosa que parezca más presionante en este momento le capta su atención. ¿Se da cuenta de su propósito y trabaja activamente por ello? Antes de determinar sus metas, como ya se enfatiza en el siguiente capítulo, asegúrese de descubrir su propósito y decidir cómo alinear su vida y sus prioridades para que pueda realizar su particular mandato de liderazgo en el dominio que le fue otorgado.

Para convertirse en el líder para el que fue creado, usted debe cultivar el arte de priorizar, escoger y distinguir entre lo que es importante contra lo que es urgente. El liderazgo significa conocer la diferencia entre ocupación y efectividad. **Los verdaderos líderes hacen distinción entre una oportunidad y una distracción, y entre lo que es bueno y lo correcto para ellos. Los líderes saben que las prioridades protegen su valiosa energía, tiempo, recursos y talentos.**

---

51. Filipenses 3:12-14.

12

ACTITUD #4: TRAZANDO METAS

Si piensa que lo puede hacer, eso es confianza;
si lo hace, eso es habilidad.

Todos los verdaderos líderes poseen una actitud de seguir hacia la meta. **Los líderes se distinguen de los seguidores por su pasión por las metas preestablecidas.** Estas regulan sus actividades y miden sus progresos con objetivos.

Todo funciona, de una manera u otra, con fijarse una meta. Aun el hombre que fracasa en la vida hizo un arreglo de metas que le provocó el fracaso. De hecho, muchos de nosotros planeamos *no* hacer cosas que pudieran hacernos exitosos.

Muchas veces, no nos damos cuenta de que estamos determinando metas. Siempre que hacemos planes para ir al supermercado, a la escuela, a la lavandería o encontrarnos con amigos a la hora de la comida, realmente estamos trazando metas.

Cuando no logramos lo que queremos lograr o no realizamos lo que deseamos realizar, el problema no está en fijar metas por sí solas; sino que no determinamos metas para las cosas que realmente nos interesan o fijamos el tipo de metas equivocadas.

Un líder sabe cómo trazar las metas correctas. Esta es una actitud vital que se debe cultivar porque su futuro y su vida dependen de las metas que se fije, ya sea consciente o subconscientemente. A donde quiera llegar en su vida, ese será el resultado de las metas que trace o no para su vida.

¿Qué debería determinar las metas que fijemos y los planes que tracemos? Nuestro propósito y visión en la vida. **El éxito viene de la disciplina de determinar metas de acuerdo con nuestro propósito.** En los últimos treinta y cinco años, he fijado metas para mi vida, y tengo metas escritas para los próximos treinta años, porque he visto cuán exitoso resulta determinar las metas.

LA RELACIÓN ENTRE EL PROPÓSITO Y LOS PLANES

El libro de Proverbios dice: "Muchos pensamientos hay en el corazón del hombre; más el consejo de Jehová permanecerá".[52] De acuerdo con la sabiduría de esta declaración, podemos entender tres cosas sobre la relación entre el propósito y los planes (la determinación de metas):

1. El propósito es más importante que los planes.

2. El propósito es más poderoso que los planes.

3. El propósito antecede a los planes, porque el Creador estableció nuestros propósitos aun antes de haber nacido.

---

52. Proverbios 19:21.

Debemos conocer y enfocarnos en nuestros propósitos antes de que iniciemos la planificación, ya que los planes que le lleven a su propósito pueden ser contraproducentes. El propósito es la intención original de Dios. Por lo tanto, necesita conocer su destino.

PROTEJA SUS METAS

Las metas nos protegen de las influencias excesivas de otras personas. **Los verdaderos líderes siempre son entusiastas y celosos de sus metas porque estas metas representan sus vidas.** Cuando nuestras metas cambian, nuestras vidas cambian; por lo que debemos ser cuidadosos de guardar nuestras metas.

Si usted no tiene ninguna meta, las demás personas van a regir su vida. Salomón, el gran rey de Israel declaró: "Como ciudad derribada y sin muro es el hombre cuyo espíritu no tiene rienda".[53] Si nada controla y ordena su vida, entonces usted queda abierto para que las otras personas lo manipulen, y no realizará su propósito. Recuerde que, entre más exitoso sea, más personas competirán por su tiempo, así es que debe preservar sus metas aún más cuidadosamente.

Una vez que conozca su propósito, usted necesita entender lo que realmente es una meta.

¿QUÉ ES UNA META?

+ Una meta es un punto establecido para el logro, que guía a una mayor realización.

+ Una meta es un punto de medida para progresar hacia un propósito máximo.

53. Proverbios 25:28.

+ Una meta es un prerrequisito para lograr un plan máximo.

EL PODER DE LAS METAS

Las metas nos dan una estructura para llevar a cabo nuestros planes, un paso a la vez. Nos dan el punto de inicio y final, y, nos ayudan a enfocarnos. Seguidamente se dan algunos de los beneficios de las metas:

+ Las metas separan a los exitosos de los soñadores.

+ Determinar metas es el arte de la disciplina.

+ Las metas son el esqueleto del plan.

+ Las metas da especificaciones al plan.

+ Las metas crean puntos centrales para nuestra energía.

+ Las metas nos protegen de la demora.

PRINCIPIOS DE LAS METAS

Es de mucha ayuda tener algunas pautas para el desarrollo y registro de nuestras metas porque, caso contrario, podemos perder fácilmente la visión de ellas y su relación para con nuestro propósito:

+ Las metas debe ser definidas.

+ Las metas deben ser simplificadas.

+ Las metas deben ser escritas.

+ Las metas deben ser visuales.

+ Las metas deben relacionarse al propósito máximo.

+ Las metas deben ser mensurables.

+ Las metas deben ser flexibles.

LIDERAZGO Y METAS

Finalmente, los verdaderos líderes conocen la naturaleza y el valor de las metas, y cómo estas afectan e influencian sus vidas. Esta es la razón por la que los líderes tienen la siguiente relación con sus metas:

- Los líderes estipulan sus metas.
- Los líderes comunican sus metas.
- Los líderes se comprometen con sus metas.
- Los líderes son regulados por sus metas.
- Los líderes son disciplinados por sus metas.
- Los líderes se mantienen conforme a sus metas.
- Los líderes creen en sus metas.
- Los líderes se enfocan en sus metas.
- Los líderes miden sus progresos y éxitos conforme a sus metas.
- Los líderes revisan sus metas cuando es necesario.
- Los líderes protegen sus metas de la interferencia.
- Los líderes transfieren sus metas a sus compañeros y a la siguiente generación.

Si usted quiere ser exitoso como líder en su dominio, trace metas para su vida. **El secreto para el éxito del liderazgo es vivir una vida bien enfocada y de acuerdo con su propósito.**

13

ACTITUD #5: TRABAJO EN EQUIPO

Unirse es un comienzo. Mantenerse juntos es progreso.
Trabajar juntos es el éxito.
—Henry Ford

Todos los verdaderos líderes poseen una actitud de trabajar en equipo porque no les importa quien se lleva el crédito. Ellos mueven a las personas de sus metas personales y privadas para servir en las necesidades del bien común. Un espíritu de equipo manifiesta la diferencia entre la ambición y la búsqueda del destino dado por Dios: la ambición es algo privado que usted quiere lograr solo para su beneficio propio, mientras que el destino es un panorama mayor que involucra el beneficiar a otros.

Un líder siempre es alguien que trabaja en equipo. Los verdaderos líderes siempre son conscientes de que ninguna realización se ha logrado por un solo individuo. Este es un principio práctico, pero también es por diseño. El humano fue creado para que las personas pudieran beneficiarse las unas de las otras, en mutua contribución mientras viven y trabajan juntos. Es por esto que ellos no deben ser centralistas, deberán aprender a cuidar de las necesidades de los demás y estar dispuestos a multiplicar el alcance de sus dones por medio de la combinación de sus talentos al crear y producir cosas. Después de todo, Dios mismo piensa como un ser de Espíritu unificado, expresa su actividad creativa por medio del equipo de trabajo divino del Padre, el Hijo y el Espíritu Santo.

Un líder sabe que cada persona fue creada para suplir una necesidad. Todos tenemos una habilidad que nadie más tiene y es indispensable en el mundo. De la misma manera, por sus dones y perspectivas únicos, cada ser humano es una solución para cierto problema que necesita ser resuelto.

La actitud de trabajar en equipo es también un espíritu humilde que reconoce que tiene fortalezas y debilidades, y necesita de las fortalezas y el apoyo de los demás en momentos de debilidad. Para convertirse en el líder para el cual fue creado, usted debe aceptar y estimular los dones, habilidades y diferencias únicas de cada quien, y valorar que cada miembro del equipo [unidos] hace un todo. **El éxito del liderazgo es medido por cuánto trabajo puede realizar alguien dentro del equipo.**

PRINCIPIOS DEL TRABAJO EN EQUIPO

El trabajo en equipo es definido como la habilidad de trabajar juntos hacia una visión en común. Debido a que esto dirige realizaciones individuales hacia los objetivos organizacionales, el trabajo en equipo es el combustible que permite a la gente común obtener resultados no comunes. Miremos algunos principios del trabajo en equipo:

1. EL COMPAÑERISMO ES IDEA DEL CREADOR.

Cuando el Creador primeramente trajo al humano al mundo, tenía en mente la idea del compañerismo: "No es bueno que el hombre esté solo; le haré ayuda idónea para él".[54]

2. EL TRABAJO EN EQUIPO ES NECESARIO PARA EL CUMPLIMIENTO DEL PROPÓSITO.

De nuevo, en la creación Dios dijo: "Hagamos al hombre a nuestra imagen, conforme a nuestra semejanza; y señoree".[55] El mandato del dominio sobre la tierra, lo que requiere del espíritu de liderazgo, fue dado a ambos, hombres y mujeres. Esto quiere decir que el trabajo en equipo es un requisito incorporado para el cumplimiento de nuestros propósitos en el mundo.

3. EL TRABAJO EN EQUIPO ES EL PLAN DEL CREADOR PARA EL LIDERAZGO.

Aunque Dios con frecuencia llama a los individuos para llevar a cabo su propósito, Él no quiere que busquen su llamado solos. Aun Moisés, quien fue llamado "el amigo de Dios" e hizo cosas extraordinarias, necesitó ayuda en su liderazgo. En el libro del profeta Miqueas, Dios dijo: "Envié delante de ti a Moisés, a Aarón y a María".[56] Moisés no gobernó solo, sino que se le dio la ayuda de su hermano y hermana. En el momento en que Moisés trató de tomar muchas responsabilidades, su suegro le recordó que necesitaba delegar responsabilidades o el trabajo sería mucho para él. También miramos la idea del trabajo en equipo en la iglesia del primer siglo con los equipos de viajes de Pablo y Bernabé,

---

54. Génesis 2:18.
55. Génesis 1:26.
56. Miqueas 6:4.

Pedro y Juan, Priscila y Aquila. Cuando Pablo trabajó con las iglesias que fundó, con frecuencia tenía compañeros de trabajo quienes le ayudaron.

4. EL TRABAJO EN EQUIPO FUE ENFATIZADO POR JESÚS.

Jesús mismo no realizaba solo Su ministerio, sino que juntó a un grupo de doce discípulos para que le ayudaran y aprendieran de Su ejemplo. Cuando envió a Sus discípulos al ministerio, les dijo que fueran de dos en dos.

LOS BENEFICIOS DE TRABAJAR EN EQUIPO

De nuevo, el trabajo en equipo intrínsecamente aprecia la diversidad de dones que los miembros del equipo traen al compañero o al grupo. Pablo escribió: "Porque de la manera que en un cuerpo tenemos muchos miembros, pero no todos los miembros tienen la misma función, así nosotros, siendo muchos, somos un cuerpo en Cristo, y todos miembros los unos de los otros. De manera que, teniendo diferentes dones, según la gracia que nos es dada".[57] El espíritu de trabajar en equipo ofrece los siguientes beneficios:

+ El trabajo en equipo da la oportunidad para la participación.
+ El trabajo en equipo provee el ambiente para que los talentos y dones de las personas sean dados a conocer.
+ El trabajo en equipo da satisfacción personal y colectiva.
+ El trabajo en equipo da valor a cada parte y miembro.
+ El trabajo en equipo reconoce el valor de cada parte y/o persona.

---

57. Romanos 12:4-6.

UN EFICAZ TRABAJO EN EQUIPO

¿Cómo puede reflejar mejor la actitud de trabajar en equipo? Glenn Parker, en su libro *Teamwork* (*Trabajo en equipo*), ofrece algunos principios útiles referentes a las claves para los programas eficaces de trabajo en equipo.

+ Empiece con metas en equipo.

+ Seleccione las personas apropiadas.

+ Defina las funciones de cada uno.

+ Faculte al equipo (autorice el poder de decisión).

+ Abra su banco de talentos.

+ Aprecie las diferencias de estilos.

+ Establezca reglas básicas.

+ Cree una atmósfera relajada.

+ Prepare un plan de trabajo.

+ Obtenga el trabajo terminado.

+ Sostenga reuniones eficientes.

+ Construya redes de trabajo externas.

+ Resuelva los conflictos eficazmente.

+ Edifique un clima de confianza.

+ Comunique… y ¡comunique!

+ Mantenga a todos comprometidos.

+ Tome decisiones por consenso.

+ Recompense los resultados del equipo.

+ Valore el desempeño del equipo.

+ Celebre los logros del equipo.

Para manifestar su verdadera actitud de liderazgo, usted debe poseer el espíritu de trabajar en equipo y saber que, como Ken Blanchard dice, "ninguno de nosotros es más inteligente que todos nosotros juntos". Los líderes saben que nadie puede ser mejor en todo. Pero cuando todos combinamos nuestros talentos, podemos ser lo mejor en prácticamente todo.

> *"No hay límite en lo que podemos realizar si no importa quien se lleve el crédito".*
> —Ralph Waldo Emerson

14

ACTITUD #6: INNOVACIÓN

No se resista al cambio; contribuya a él.

El espíritu del verdadero liderazgo siempre se manifiesta en una actitud innovadora. La misma naturaleza de liderar exige un espíritu de innovación a medida que los líderes llevan a sus seguidores hacia un mundo de visión todavía no descubierto.

La innovación es la reserva creativa de los verdaderos líderes. La meta máxima del liderazgo es el logro exitoso y la realización de una visión predeterminada para cumplir un propósito primario. La función del líder es proveer un sentido de propósito, visión, motivación, entusiasmo y un ambiente productivo para realizar dicha labor. Una cualidad clave del liderazgo en este sentido, es una mentalidad innovadora y creativa.

MENTALIDAD DE INNOVACIÓN

Una de las características principales de los líderes eficaces es su habilidad de pensar fuera de su contexto. Los líderes aprenden de sus experiencias, pero nunca viven de ellas. Nunca viven sus vidas por experiencias previas, de lo contrario se atrincherarían en el pasado. **Los líderes no permiten que el pasado dicte o entrampe al futuro.** Poseen la capacidad de combinar antiguas ideas y conceptos para crear nuevas. Nunca creen que existe solo una manera de realizar alguna tarea. **Los verdaderos líderes nunca son prisioneros de la tradición.**

A la luz de la determinación de la mentalidad del innovador, miremos algunas definiciones de innovación. La innovación es:

+ La capacidad de crear nuevos métodos y conceptos para tratar con antiguos y nuevos desafíos.

+ La percepción de ver posibilidades en la combinación de antiguos y nuevos conceptos.

+ La creación, desarrollo y aplicación de formas no probadas para resolver antiguos y nuevos problemas.

+ La capacidad de pensar más allá de lo conocido, desafiar la norma y creer en las habilidades personales para resolver los problemas.

EL ESPÍRITU INNOVADOR DEL CREADOR

Nuestra habilidad para innovar viene del hecho de que somos creados a la imagen y semejanza de nuestro Creador. Pablo, el escritor del primer siglo, dijo que "revestido del nuevo, el cual conforme a la imagen del que lo creó se va renovando hasta el conocimiento pleno".[58] Esto quiere decir que mientras más seamos transformados a la imagen de Aquel que nos creó, más innovadores deberíamos ser.

---

58. Colosenses 3:10.

Un examen de las actitudes y las acciones del Espíritu innovador del Creador nos lleva a las siguientes conclusiones. El Creador:

- Creó con diversidad; nunca repitió nada en la creación.

- Nunca hizo el mismo milagro dos veces de la misma manera.

- Siempre resolvió los problemas de maneras inesperadas y no tradicionales.

- Desafió a la humanidad a pensar más allá de su experiencia actual.

- Nunca creyó que algo fuera imposible.

- Nunca trató con la humanidad de acuerdo a sus normas y expectativas.

JESÚS EL INNOVADOR

Uno de los ejemplos más grandes del liderazgo del espíritu de innovación es el líder máximo y joven rabino judío, Jesús. Durante su tiempo en la tierra, hace unos dos mil años, demostró el mismo espíritu innovador del Padre celestial. Su creatividad fue manifestada a través de toda Su obra entre los hombres. Al ejecutar Sus milagros, nunca repitió un mismo método, pero siempre usó un procedimiento diferente para resolver cada problema.

Por ejemplo, sanó a ciegos usando varios métodos diferentes. Para algunos, solo tocó sus ojos y fueron sanados. Para otro, impuso Sus manos en los ojos de la persona y les puso lodo, y volvió a imponer Sus manos para que recibiera su vista. Incluso a otro solo le dijo las palabras: "Vete, tu fe te ha salvado" y la persona fue sanada.

Cuando Jesús quiso alimentar a miles de personas que se juntaron para escucharlo, no les dijo a Sus discípulos que fueran a comprar alimento al mercado, sino que multiplicó cinco panes y dos peces para que todos fueran alimentados, y tuvieron sobras para repartir.

Cuando Él resucitó a los muertos, lo hizo de varias maneras diferentes. Una vez tocó el ataúd de un hombre joven y luego le dijo que se levantara; en otra ocasión, tomó de la mano a una niña y le dijo que se levantara; en otra ocasión llamó a Lázaro, quien todavía estaba en su tumba. Cada ocasión fue única y con seguridad llevada a cabo conforme al individuo o para los propósitos específicos de Dios en ese momento.

Jesús también fue innovador en sus métodos de viaje. Mientras todos cruzaban el río en botes, hubo una o dos ocasiones en que caminó sobre las aguas.

Finalmente, en una ocasión Jesús y Sus discípulos necesitaron pagar los impuestos y Pedro estaba preocupado, Jesús le dijo que fuera a pescar y que el primer pez que atrapara tendría una moneda dentro de la boca que podían usar para pagar los impuestos. Su estilo de liderazgo muestra que el verdadero liderazgo exige que siempre consideremos nuevas maneras para resolver los antiguos problemas.

"OLVIDAR LAS COSAS PASADAS"

Tener una mentalidad predeterminada, entorpece al liderazgo del espíritu de innovación. En el libro del profeta Isaías,

Dios dijo: "No os acordéis de las cosas pasadas, ni traigáis a memoria las cosas antiguas. He aquí que yo hago cosa nueva; pronto saldrá a la luz; ¿no la conoceréis?".[59] Podemos aplicar estas declaraciones en nuestro desarrollo como innovadores.

Siempre que encuentre un proyecto, desafío o problema, practique el pensar en nuevas maneras y con diferente mentalidad. Pídale al Creador que le dé una nueva perspectiva y ¡vea lo que sucede! Como Pablo escribió: "Y a Aquel que es poderoso para hacer todas las cosas mucho más abundantemente de lo que pedimos o entendemos, según el poder que actúa en nosotros".[60]

Para llegar a ser el líder para lo cual nació y para manifestar el espíritu de liderazgo escondido y adormitado dentro suyo, usted debe cultivar el espíritu de innovación. No se atemorice de salir de la mediocridad. Controle la creatividad y explore los mundos inexplorados de lo no probado.

Los líderes no siguen los senderos, ellos abren caminos. Se aventuran donde otros ni intentan pasar. Saben que el horizonte de la vida ofrece grandes oportunidades. Los líderes toman tiempo para sentarse y pensar en las cosas que todavía no han hecho y luego hacen planes para llevarlas a cabo. **Aventúrese en la zona desconocida, innove.**

---

59. Isaías 43:18-19.
60. Efesios 3:20.

15

ACTITUD #7: RENDIR CUENTAS

*La autoridad es 20 por ciento dada y
80 por ciento tomada.*
—Peter Ueberroth

El espíritu del verdadero liderazgo siempre posee un sentido de rendir cuentas y de responsabilidad. **Los verdaderos líderes voluntariamente acogen la sumisión a sus autoridades y son conscientes en su mayordomía de la confianza dada a ellos por aquellos a quienes sirven.** El espíritu de liderazgo busca ser fiel a la sagrada confianza de los seguidores, en vez de hacer lo que complazca al líder.

En este capítulo quiero enfatizar un peligro potencial en el cual caen los líderes y lo que podemos hacer para prevenirlo. Como ya mencioné anteriormente, la clave para el buen liderazgo es el poder para influenciar a través de la inspiración, no la manipulación. El peligro del liderazgo es su potencial de ejercer el poder sin rendirle cuentas a nadie. La dictadura y la tiranía ocurren por la ausencia de la sumisión del líder hacia las autoridades.

Por lo tanto, la protección del liderazgo es la sumisión voluntaria hacia una confiada autoridad. El espíritu de rendir cuentas es la manifestación activa de la sumisión hacia la autoridad.

¿RENDIRLE CUENTAS A QUIÉN?

Iniciemos por clarificar a quién debe rendirle cuentas el líder:

1. A sí mismo (su conciencia).
2. A los socios.
3. A la familia humana en general.
4. Al Creador, como la máxima autoridad.

Todos los verdaderos líderes son conscientes de sus responsabilidades hacia una autoridad mayor. Particularmente con relación al Creador, son conscientes que deben rendir cuentas ante Dios por sus palabras y acciones.

LOS LÍDERES Y EL RENDIR CUENTAS

Un verdadero líder siempre está consciente de que no es la ley para sí mismo, sino que deberá apoyar las leyes establecidas y tratar a los demás con respeto, como personas hechas a la imagen y semejanza del Creador. También escucha los consejos y experiencias de autoridades confiables.

¿QUÉ ES RENDIR CUENTAS?

En pocas palabras, el rendir cuentas es presentar un informe de nuestra conducta y progreso. También es admitir los motivos y razones para tomar ciertas acciones.

EL LÍDER QUE RINDE CUENTAS

En la carta de Pablo al pueblo de Filipos, él explicó que Jesús voluntariamente le rindió cuentas al Padre cuando estuvo en la tierra.

> No mirando cada uno por lo suyo propio, sino cada cual también por lo de los otros. Haya, pues, en vosotros este sentir que hubo también en Cristo Jesús, el cual, siendo en forma de Dios, no estimó el ser igual a Dios como cosa a que aferrarse, sino que se despojó a sí mismo, tomando forma de siervo, hecho semejante a los hombres.[61]

Jesús continuamente hacía referencia a rendir cuentas al Padre, haciendo declaraciones como: "Mi comida es que haga la voluntad del que me envió, y que acabe su obra"[62] y el reconocimiento de la afirmación del Padre en su liderazgo: "Las obras que el Padre me dio para que cumpliese, las mismas obras que yo hago, dan testimonio de mí, que el Padre me ha enviado".[63] "La cual [el Hijo del Hombre] Dios os dará; porque a este señaló Dios el Padre".[64] Al desarrollar el espíritu de rendir cuentas, no podemos tener mejor ejemplo que este.

¿CÓMO DEBEMOS RENDIR CUENTAS?

Las siguientes son algunas pautas para incorporar el rendir cuentas en nuestra vida:

+ Comprométase a sí mismo para rendir cuentas de sus convicciones personales.

---

61. Filipenses 2:4-7.
62. Juan 4:34.
63. Juan 5:36.
64. Juan 6:27.

+ Establezca la Palabra de Dios como su juicio y autoridad final.

+ Nombre y sométase un grupo de personas probadas, respetadas, confiables y maduras para que le aconsejen, corrijan, reprendan e instruyan.

+ Escoja amigos quienes estén comprometidos a las altas normas de la Palabra de Dios y deles el derecho de juzgarlo por este medio.

Quizás el mejor consejo para rendir cuentas es el siguiente, el cual Pablo escribió a la iglesia del primer siglo en Colosas:

> *Y todo lo que hagáis, hacedlo de corazón, como para el Señor y no para los hombres; sabiendo que del Señor recibiréis la recompensa de la herencia, porque a Cristo el Señor servís. Más el que hace injusticia, recibirá la injusticia que hiciere, porque no hay acepción de personas.*[65]

Para manifestar el liderazgo del espíritu escondido dentro suyo, usted debe aceptar la actitud de rendir cuentas. Siempre sea consciente de su responsabilidad ante aquellos que están sobre y debajo de usted, por todo lo que diga y haga. **Sea consciente que lo que haga como líder puede que sea personal, pero nunca es totalmente privado.** Su máxima responsabilidad es hacia el Creador de todos los líderes, quien conoce los pensamientos y las actitudes de su corazón.

---

65. Colosenses 3:23-25

16

ACTITUD #8: PERSISTENCIA

El cambio es inevitable; el crecimiento es opcional.

Todos los verdaderos líderes cultivan la actitud de la persistencia. **El espíritu de liderazgo nunca se rinde hasta que logra su meta. Es un espíritu que nunca se rinde.**

Nada en el mundo puede tomar el lugar de la persistencia. El talento no lo hará, nada es más común que hombres fracasados con talentos. El ingenio no lo hará, el ingenio sin premio es casi un proverbio. La educación no lo hará, el mundo está lleno de educados negligentes. Sin embargo, la persistencia y la determinación, son fuerzas poderosas.

La persistencia es el producto de la fe que es generada por un propósito. Esto es:

- ✦ El poder para mantenerse sin importar nada.
- ✦ El poder de soportar.
- ✦ La habilidad de enfrentarse a la derrota una y otra vez y no rendirse.

* La destreza de avanzar en contra de la dificultad, sabiendo que la victoria es suya.

* Sobrellevar el dolor para vencer cualquier obstáculo y hacer lo que sea necesario para alcanzar sus metas.

Los líderes persisten porque tienen una firme comprensión de sus propósitos, saben hacia dónde van y confían que lo lograrán. Su persistencia es una manifestación que tiene una convicción sobre su futuro, basado en las visiones que le han sido dadas para sus vidas. **Los verdaderos líderes creen que la realización de sus propósitos no es opcional, sino que es una obligación y una necesidad, por lo que nunca pueden pensar en rendirse.**

Jesús dijo una maravillosa parábola que nos da un panorama perfecto de la persistencia. Está registrada en el evangelio escrito por Lucas, el doctor del primer siglo:

> *Había en una ciudad un juez, que ni temía a Dios, ni respetaba a hombre. Había también en aquella ciudad una viuda, la cual venía a él, diciendo: Hazme justicia de mi adversario. Y él no quiso por algún tiempo; pero después de esto dijo dentro de sí: Aunque ni temo a Dios, ni tengo respeto a hombre, sin embargo, porque esta viuda me es molesta, le haré justicia, no sea que, viniendo de continuo, me agote la paciencia. Y dijo el Señor: Oíd lo que dijo el juez injusto. ¿Y acaso Dios no hará justicia a sus escogidos, que claman a él día y noche? ¿Se tardará en responderles? Os digo que pronto les hará justicia. Pero cuando venga el Hijo del Hombre, ¿hallará fe en la tierra?*[66]

66. Lucas 18:2-8.

Esta parábola ilustra el poder que puede tener la persistencia en realizar lo que realmente deseamos. En otra ocasión, Jesús dijo una parábola similar que nos da ánimo, ya que el éxito llega a aquellos que persisten no solo en el reino natural, sino también en el reino espiritual.

¿Quién de vosotros que tenga un amigo, va a él a medianoche y le dice: Amigo, préstame tres panes, porque un amigo mío ha venido a mí de viaje, y no tengo qué ponerle delante; y aquel, respondiendo desde adentro, le dice: No me molestes; la puerta ya está cerrada, y mis niños están conmigo en cama; no puedo levantarme, y dártelos? Os digo, que aunque no se levante a dárselos por ser su amigo, sin embargo por su importunidad se levantará y le dará todo lo que necesite. Y yo os digo: Pedid, y se os dará; buscad, y hallaréis; llamad, y se os abrirá. Porque todo aquel que pide, recibe; y el que busca, halla; y al que llama, se le abrirá.[67]

A medida que usted desarrolla el espíritu de persistencia, recuerde estas verdades sobre la naturaleza de su Creador y su propia persistencia en llevar a cabo Sus propósitos para usted: (1) Dios es fiel; (2) Dios no miente; (3) Dios ha establecido Su Palabra; (4) su propósito ya ha sido cumplido en él; (5) Dios se deleita en usted y le considera Su hijo.

A continuación, algunos adagios alentadores y provocadores sobre el valor de la persistencia:

El éxito parece ser en gran parte, un asunto de perseverar en donde otros se han rendido.
—William Feather

---

67. Lucas 11:5-10.

El esfuerzo solo entrega su premio completamente,
después que una persona se niega a rendirse.
—Napoleon Hill

Todos los grandes logros requieren tiempo.
—Anne Frank

Las personas exitosas se mantienen activas.
Cometen errores, pero no se rinden.
—Conrad Hilton

El esfuerzo constante y determinado es el que rompe
toda resistencia, arrasando con todos los obstáculos.
—Claude M. Bristol

El éxito es el fracaso de cabezas.
—Anónimo

Si ha estado tambaleante en la búsqueda de su propósito,
empiece de nuevo, haga nuevos planes para que tomen el lugar de
los antiguos planes que no funcionan y ¡deténgase solo cuando
haya terminado!

17

ACTITUD #9: DISCIPLINA

"Porque no nos ha dado Dios espíritu de cobardía, sino de poder, de amor, de dominio propio".
—2ᵈᵃ Timoteo 1:7

Una de las actitudes claves del verdadero liderazgo es la de una firme autodisciplina. Los líderes genuinos entienden que la auto-disciplina es la manifestación de la forma más alta de gobierno, un autogobierno. **El verdadero espíritu de liderazgo cultiva el autocontrol que regula el enfoque y ordena la vida personal.** El estilo de vida disciplinado distingue a los líderes de los seguidores.

¿QUÉ ES DISCIPLINA?

Cualquier estudio de las características de los verdaderos líderes revelará que todos exhiben una firme autodisciplina, usualmente motivada por una pasión, generada por un sentido de propósito y visión. Todos los líderes son "prisioneros" de la pasión de sus propósitos.

La disciplina puede ser definida como las normas autoim-puestas y restricciones motivadas por un deseo de alcanzar la excelencia en lo que se hace. Es un principio propio. La naturaleza de la disciplina es la dirección propia regulada por un código de conducta para mantenerse con un juego de metas y compromisos dictados por un resultado propuesto. La disciplina es una serie de decisiones preestablecidas por un destino determinado.

El espíritu de disciplina está enraizado en el dominio propio, el cual es fruto del Espíritu. Los líderes viven con el conocimiento que:

- ✦ Aquel que no puede controlar sus pensamientos, nunca se controlará a sí mismo.

- ✦ Aquel que no puede gobernarse a sí mismo, nunca controlará la vida.

- ✦ Aquel que no puede gobernarse a sí mismo, nunca controlará una nación.

- ✦ Aquel que no puede controlarse a sí mismo, será controlado por los demás.

LA DISCIPLINA DIRIGE LA TRANSFORMACIÓN PERSONAL

Los líderes saben que el tipo de control más poderoso es la autodisciplina porque es la más difícil de dominar, pero cosecha la mayor de las recompensas. Por lo tanto, están más preocupados en controlarse a sí mismos que en controlar a los demás.

De acuerdo con la Real Academia Española, las palabras *discípulo* y *disciplina* [o disciplinar] tienen la misma raíz de palabra, que significa "alumno". Un discípulo es un estudiante o aprendiz que está dedicado, concentrado y enfocado en una instrucción, o comprometido al aprendizaje para pensar como su maestro o maestra. Es por esto que los seguidores del máximo maestro,

Jesucristo, fueron llamados sus discípulos, porque su intención fue llevarlos a través de su "escuela de pensamiento" y cambiar sus pensamientos para que fueran enseñados como Él.

Un discípulo es considerado un aprendiz, alguien que es dado o sometido a la tutoría de un maestro. Es alguien que voluntariamente entrega su voluntad a la influencia de otro para obtener el conocimiento, pensamientos y filosofía del maestro, para el propósito de una transformación personal. Todos los verdaderos líderes son estudiantes de la vida y de por vida.

VISIÓN Y DISCIPLINA

De nuevo, **la visión es la fuente de la disciplina del líder.** Los pensamientos del gran rey Salomón sobre la visión se encuentran en su libro de la sabiduría, llamado Proverbios: "Sin profecía el pueblo se desenfrena". Varias traducciones de este versículo nos dan pensamientos adicionales de su significado: "Donde no hay visión, el pueblo se desenfrena [envilece]". "Donde no hay visión, el pueblo se extravía [deprava]".

La visión es la fuente de la disciplina y la madre del liderazgo. Como ya lo mencioné anteriormente, el hombre o la mujer con una visión clara, vive una vida bien enfocada que requiere de un firme dominio propio. Esto hace la vida más simple porque:

1. La visión escoge su futuro.
2. La visión escoge el uso de su tiempo.
3. La visión escoge sus prioridades.
4. La visión escoge a sus amigos.
5. La visión escoge su material de lectura.

6. La visión escoge el uso de su energía.

7. La visión escoge sus pasatiempos.

8. La visión escoge las películas que mira.

9. La visión escoge su dieta.

10. La visión escoge cómo invertir su dinero.

11. La visión escoge su lista de cosas por hacer.

12. La visión escoge su actitud hacia la vida.

13. La visión escoge su plan de vida.

14. La visión escoge su vida.

Para manifestar el liderazgo del espíritu dentro de usted, debe cultivar una vida disciplinada y regular sus pensamientos y actividades basados en los resultados que desee para su vida. El espíritu de liderazgo es un espíritu de disciplina.

18

ACTITUD #10: CULTIVARSE UNO MISMO

Acepte el poder en la autocapacitación.

Los verdaderos líderes poseen la actitud del liderazgo de la cultivación propia, una pasión por el desarrollo personal. Algunas marcas del genuino espíritu de liderazgo son el deseo y compromiso de obtener conocimiento e ideas para mantenerse mejorando y para aprender de los demás.

Los líderes son lectores consumados y siempre están buscando oportunidades para avanzar en sus conocimientos. Crean sus propias oportunidades de aprendizaje y facilitan sus propios ambientes educativos. La colección personal de libros, usualmente, es la mayor posesión del líder.

Para convertirse en el líder que fue destinado a ser, usted debe convertir su hogar en una universidad, y su vehículo en un salón móvil de seminario. Los líderes saben que nunca deben parar de expandir su base de conocimiento. La actitud de la cultivación propia también los lleva a extender su conocimiento más allá de sus áreas particulares de enfoque para ser versátiles cuando sea necesario. Los líderes estudian más allá del reino de sus propias disciplinas, pero de manera que le ayuden a avanzar en sus propósitos y visiones.

A medida que busca el espíritu de liderazgo, considere los siguientes métodos de cultivación propia:

+ Material escrito: libros, revistas, periódicos, gacetas, manuales instructivos.

+ Material visual: documentales, películas, programas de televisión, programas de computadora, Internet.

+ Contacto personal: oradores, grupos de discusión, grupos de estudio bíblico, organizaciones profesionales y sociales, consejería, amistades.

+ Experiencia personal: desarrollo de destrezas, talentos, pasatiempos y otras áreas de interés.

19

ACTITUDES DEL LIDERAZGO PARA CULTIVAR

Usted se convierte en lo que piensa.

El tema del liderazgo ha sido estudiado e investigado por muchas personas a través de la historia. Desde el principio, los psicólogos sociales han hecho del liderazgo un enfoque primordial de su investigación. Uno de los descubrimientos más consistentes de los historiadores, sociólogos y psicólogos sociales empíricamente orientados, es que la naturaleza y el tipo de liderazgo demostrado depende de la situación en particular, las tareas a realizarse y la característica única del líder y sus subordinados.

Los líderes deben poseer una combinación de actitudes que acojan un espíritu que refleje el corazón y la imagen del Creador. El liderazgo es tanto simple como difícil porque exige la integración de lo siguiente:

1. Creer en sí mismo
2. Pasión por la tarea asignada
3. Amor por las personas
4. Voluntad y capacidad para caminar solo

5. Sentido de satisfacción por el éxito de los demás

MANIFESTANDO SU VERDADERO POTENCIAL DE LIDERAZGO

Como ya hemos discutido a lo largo de este libro, la actitud es la clave para la manifestación de nuestro verdadero potencial de liderazgo. La actitud se define como la determinación mental basada en sus creencias y convicciones, y esta motiva su conducta. Su actitud surge de las creencias fundamentales, convicciones y opiniones que tenga de sí mismo, sus habilidades, su mundo y los demás, y es manifestada en su grado de autoconfianza.

Su actitud puede ser transformada por el descubrimiento de su verdadero autovalor, su verdadero potencial y su compromiso para lograrlo. **La actitud del liderazgo tiene más que ver con su expresión total que con el intento de ser probada ante los demás.**

Además de las diez actitudes descritas en este libro, el verdadero liderazgo requiere una cantidad de otros atributos que son indispensables para el cumplimiento efectivo de la visión en el Siglo XXI. Los siguientes son lo que llamo "Actitudes que el líder debe desarrollar". Estas describen la determinación de la mente que todo líder debe aceptar, cultivar y exhibir en su ejercicio del liderazgo.

ACTITUDES QUE EL LÍDER DEBE DESARROLLAR

1. El espíritu de flexibilidad: Habilidad de ver el fracaso como un paso temporal y necesario para el éxito.

2. El espíritu de denuedo: Habilidad de transformar el temor en un motivador para la acción y el cambio.

3. EL ESPÍRITU DE PACIENCIA: Creencia en el potencial del cambio y la habilidad para esperar por ello.

4. EL ESPÍRITU DE COMPASIÓN: Sensibilidad por el momento difícil de los demás.

5. EL ESPÍRITU DE AUTOVALOR: Creencia de la importancia personal en el mundo.

6. EL ESPÍRITU DE AUTOCONFIANZA: Confianza en las habilidades inherentes de uno mismo.

7. EL ESPÍRITU DE PERSEVERANCIA: Habilidad de nunca rendirse o darse por vencido por el contexto de una situación.

8. EL ESPÍRITU DE PENSAMIENTO ESTRATÉGICO: Habilidad de planear en vez de entrar en pánico.

9. EL ESPÍRITU DE ADMINISTRACIÓN DEL TIEMPO: Aplicación consciente del tiempo a las metas.

10. EL ESPÍRITU DE ALTA TOLERANCIA A LA DIVERSIDAD: Creencia en la belleza y fortaleza de la variedad.

11. EL ESPÍRITU DE AUTOCOMPETENCIA: Práctica de nunca compararse a sí mismo con los demás, sino solo con lo que personalmente ha sido o hecho anteriormente.

El liderazgo es un arte y una ciencia: es lo innato pero aprendido; es lo inherente pero que debe ser desarrollado. El verdadero liderazgo es la esperanza del futuro de nuestro mundo y determinará el éxito o el fracaso de nuestros hogares, comunidades, ciudades, naciones o planeta. Si vamos a descubrir el verdadero potencial de liderazgo que reside dentro de nosotros, deberemos consultar y referirnos a nuestro Creador omnipotente para la verdadera revelación de nuestra capacidad de liderazgo y reconectarnos a la verdadera esencia de nuestra asignación de liderazgo.

LIDERAZGO ES NUESTRO PASADO Y NUESTRO DESTINO

El liderazgo es realmente nuestro pasado y nuestro destino, y es la única cosa que llenará nuestra pasión natural para la grandeza. Le desafío para que invierta tiempo con el Creador de su liderazgo del espíritu y descubra el maravilloso gozo que es el recibir el poder y el espíritu de dominio disponible a través de una relación íntima con Él. Le insto para que se someta al Agente Autorizado que fue enviado para reconectarlo a usted consigo mismo y a Su propósito y plan para su vida.

Usted nació para liderar, no se conforme con menos. Su generación y su mundo esperan por su manifestación. Hágalo por las generaciones que no han nacido, quienes deben construir sobre la base de su éxito como líder. Recuerde, la diferencia entre un seguidor y un líder es la actitud. Debemos poseer la actitud del liderazgo. Debemos pensar, hablar, caminar, vestir, actuar, responder, decidir, planear, trabajar, relacionarnos y vivir como líderes. Usted tiene el liderazgo del espíritu; ahora necesita la actitud del liderazgo.

Debemos cultivar la misma actitud que Caleb tenía a sus ochenta y cinco años de edad. Cuarenta y cinco años antes, había sido uno de los dos hombres —entre los diez espías enviados para explorar la tierra— que creyó que los israelitas podían desafiar a sus enemigos y entrar en la Tierra Prometida. Cuando los israelitas finalmente entraron y la tierra había sido distribuida, él pudo haber escogido la vida tranquila en las planicies, pero él escogió las alturas de las montañas. Además, escogió la misma tierra de los descendientes de Anac, de quienes los otros diez espías habían dicho: "a nuestro parecer, como langostas; y así les parecíamos a ellos".[68] Por cuarenta años, al deambular por el desierto, el espíritu de liderazgo de Caleb era tan fuerte que aparentemente, planeaba atacar a los más temibles adversarios de la tierra, cuando tuviera la oportunidad.

Aquí está la respuesta de Dios para Caleb, y creo que está será Su respuesta para usted, después que vuelva a leer este libro y empiece a desarrollar el espíritu de liderazgo en su propia vida:

Pero mi siervo Caleb, por cuanto hubo en él otro espíritu, y decidió ir en pos de mí, yo le meteré en la tierra donde entró, y su descendencia la tendrá en posesión.[69]

Fue su actitud la que hizo la diferencia. Aprópiese de esa actitud también.

SIRVA CON SU DON AL MUNDO

Para convertirse en el líder para el cual nació, debe descubrir quién es usted, su propósito en la vida y el diseño del Creador para su existencia. **Recuerde que un verdadero líder aprende de los demás, pero nunca trata de convertirse en ellos. Usted debe ser genuino con usted mismo.** Los ingredientes y la esencia del liderazgo no pueden ser enseñados. Deben ser descubiertos y aprendidos a través de la experiencia y el desarrollo. Esta capacidad de aprender reside dentro de cada uno de nosotros, y

---

68. Números 13:33.
69. Números 14:24.

ahora depende de nosotros el decidir si nos convertimos o no en los líderes que el Creador deseó que fuéramos.

El punto no es esforzarse para convertirse en un líder, sino descubrir y convertirse en su verdadero ser. **El liderazgo genuino es el descubrimiento del propósito personal y asignación en la vida, y los inherentes dones y habilidades que vienen con esa asignación. Es el compromiso para servir con su don al mundo para mejorar las vidas de muchos.**

Expresado simplemente, el verdadero liderazgo es darse uno mismo al mundo. Por lo tanto, el liderazgo no es medido conforme a cuántas personas le sirven a usted, sino a cuántas personas usted les sirve. El espíritu de liderazgo fue definido por más de dos mil años por el más influyente y eficaz líder de todos los tiempos, un joven maestro a quien se le preguntó cómo convertirse en gran líder, y él respondió: "El que quiera hacerse grande entre vosotros será vuestro servidor, y el que quiera ser el primero entre vosotros será vuestro siervo; como el Hijo del Hombre no vino para ser servido, sino para servir, y para dar su vida en rescate por muchos".[70]

---

70. Mateo 20:26-28.

Apéndices

MAXIMIZANDO SU POTENCIAL DE LIDERAZGO

CUALIDADES ESENCIALES Y CARACTERÍSTICAS
DEL VERDADERO LIDERAZGO

Para cultivar el espíritu de liderazgo, debe practicar la integración de muchas cualidades y características en su vida. Estas son actitudes necesarias para el liderazgo efectivo y sirven como medidas de su refinamiento del liderazgo mientras continúa en el progreso de maximizar su verdadero potencial de liderazgo. Todos los verdaderos líderes poseen las siguientes actitudes y características del *espíritu de liderazgo*:

+ **Visión:** Capacidad para ver más allá de los ojos naturales; es un panorama del propósito.

+ **Sabiduría:** Capacidad de aplicar el conocimiento eficazmente.

+ **Toma de decisión:** Habilidad de estudiar las consecuencias y tomar decisiones sanas, sin temor; estar dispuesto a fracasar, de ser necesario, en vez de evadir la responsabilidad.

+ **Actitud positiva:** Habilidad de ver a las personas y situaciones de manera positiva.

- **Denuedo:** Habilidad de no ser controlado o paralizado por el temor; control efectivo de lo incierto.

- **Energía superior:** Fuerza y energía para trabajar fuerte y no ser abatido.

- **Calidez personal:** Manera y actitud que atrae a la gente.

- **Humildad:** Estar en contacto consigo con uno mismo; aceptarse a sí mismo.

- **Enojo santo:** Capacidad de resistir y mantenerse firme contra la injusticia y el abuso.

- **Integridad:** Consistencia en las palabras y acciones; veracidad; carácter transparente.

- **Responsabilidad:** Habilidad de siempre salir adelante; falta de excusas; trabajo delegado significa trabajo realizado.

- **Buena autoimagen:** Sentirse bien consigo mismo, los demás y la vida.

- **Amistad:** Capacidad de recibir y aceptar a los demás sin fricción.

- **Mente abierta:** Habilidad de mantenerse aprendiendo a medida que se expande el trabajo.

- **Autoridad:** Alta influencia positiva sobre los demás.

- **Ausencia de problemas personales:** Vida personal, familiar y de negocios en orden.

- **Habilidades interpersonales:** Habilidad para atraer a las personas y ayudarlas a desarrollar sus dones y caracteres.

- **Poder inspiracional:** Habilidad de comunicar la pasión personal a los demás.

+ **Sentido del humor:** Habilidad de reírse de sí mismo y de la vida, y, no tomar la vida tan seriamente.

+ **Resistencia:** Habilidad de recuperarse cuando surgen los problemas.

+ **Registro de indicios:** Experiencia y éxito en situaciones previas.

+ **Gran deseo (pasión):** Anhelo por crecer y desarrollarse personalmente.

+ **Dominio propio:** Disposición para "pagar el precio" y manejar el logro.

+ **Creatividad:** Habilidad para hallar soluciones y arreglar los problemas.

+ **Flexibilidad:** No asustarse por el cambio; fluidez, fluir con el crecimiento.

+ **Ver "todo el panorama":** Capacidad de ver más allá de los intereses personales y observar un panorama global.

+ **Iniciativa:** Habilidad de discernir lo que se necesita ser llevado a cabo y empezar la acción.

+ **Habilidad ejecutiva:** Habilidad para llevar a cabo las cosas; impulso para terminar una asignación.

VALORES DEL ESPÍRITU DE LIDERAZGO

Los verdaderos líderes han cultivado un espíritu que valora los atributos que les distinguen de los seguidores. Si usted quiere manifestar sus verdaderas habilidades de liderazgo, también debe recibir, cultivar y valorar estos conceptos. Los he listado como valores de una sola palabra, pero usted puede elaborar sus definiciones, basado en sus propias experiencias e investigaciones sobre el liderazgo:

- Rendir cuentas
- Logros
- Mejoramiento continuo
- Aprendizaje continuo
- Cooperación
- Denuedo
- Cortesía
- Creatividad
- Curiosidad
- Dignidad
- Autoridad
- Imparcialidad
- Fidelidad
- Planificación generacional
- Orientación a la meta
- Trabajo arduo
- Honor
- Honestidad
- Amor
- Lealtad
- Firmeza
- Persistencia
- Profesionalismo
- Mantener las promesas
- Puntualidad
- Calidad
- Confiabilidad
- Respeto
- Responsabilidad
- Servicio a los demás
- Madurez espiritual
- Estabilidad
- Trabajo en equipo
- Confianza

Use esta lista para desafiar su pensamiento e incorporar cada concepto en su estilo de vida diario. Comprométase a aplicar estos valores en todo lo que haga y diga. Practíquelos en su vida personal, relaciones familiares, trabajo, fe, escuela y vida comunitaria. Permita que su vida impregne el espíritu de liderazgo por todo el mundo y llegue usted a ser un portador de las buenas nuevas, que cada uno puede convertirse en el líder que él o ella fueron creados y destinados a ser. Permita que el espíritu de liderazgo emerja de donde ha estado escondido por tanto tiempo.

TRANSFORMANDO SEGUIDORES EN LÍDERES

Dentro de cada seguidor hay un líder no descubierto.

Los siguientes principios son críticos para que usted capture el espíritu de liderazgo por sí mismo e inste a los demás a recibirlo también. Todo tiene que ver con la *actitud.*

+ El máximo llamado del verdadero liderazgo es el crecimiento y desarrollo de las personas.

+ Los verdaderos líderes trabajan para el beneficio de los demás y no para ganancia personal.

+ La lección más importante de liderazgo es el desarrollo propio.

+ Nunca vuelva a decir: "Es muy tarde para que yo cambie". Nunca es tarde para efectuar el cambio.

+ No todo cambio es para mejoramiento, pero sin el cambio no puede haber mejoramiento.

+ No es lo que usted es, lo que le detiene. Es lo que piensa que *no* es, lo que le detiene.

+ El que influencia a otros para liderar o para convertirse en líderes, es un líder sin limitaciones.

+ Las personas tienden a convertirse en lo que las personas más importantes en su vida piensan que se convertirá. Usted puede, literalmente, cambiar las vidas de las personas por medio de su actitud y lo que espera de ellos.

+ Los exitosos desarrolladores de personas hacen las suposiciones correctas sobre las personas. Nuestras suposiciones determinarán cuán exitosos somos al desarrollar el liderazgo en los demás.

+ No podemos esperar por cosas en las cuales no estamos trabajando. Usted se convertirá solo en lo que se está convirtiendo ahora mismo.

ACERCA DEL AUTOR

El Dr. Myles Munroe (1954–2014) fue motivador internacional, educador, conferencista, asesor para el gobierno y los negocios, y autor de muchos libros que han sido éxitos de venta. Viajaba extensamente alrededor del mundo, tratando temas críticos que afectan el desarrollo social y espiritual de los individuos. El tema central de su mensaje era, y sigue siendo en sus libros y recursos, la transformación de seguidores a líderes, y la maximización del potencial individual.

Fue el fundador y presidente del Ministerio Internacional de Fe de las Bahamas, una red completa de ministerios localizados en Nassau, Bahamas, y el presidente y director ejecutivo de la Asociación de Líderes Tercermundistas y del Instituto Internacional de Entrenamiento de Liderazgo para el Tercer Mundo. Obtuvo sus licenciaturas en *Oral Roberts University*, donde le fue otorgado un doctorado honorífico.

El Dr. Munroe y su esposa, Ruth, viajaban juntos como oradores de seminarios. Ambos eran líderes con corazones sensibles y una visión internacional. Les suceden sus dos hijos, Charisa y Myles Jr.